变革的力量

零售业数字化转型实战

王 淳 周 君 ◎著

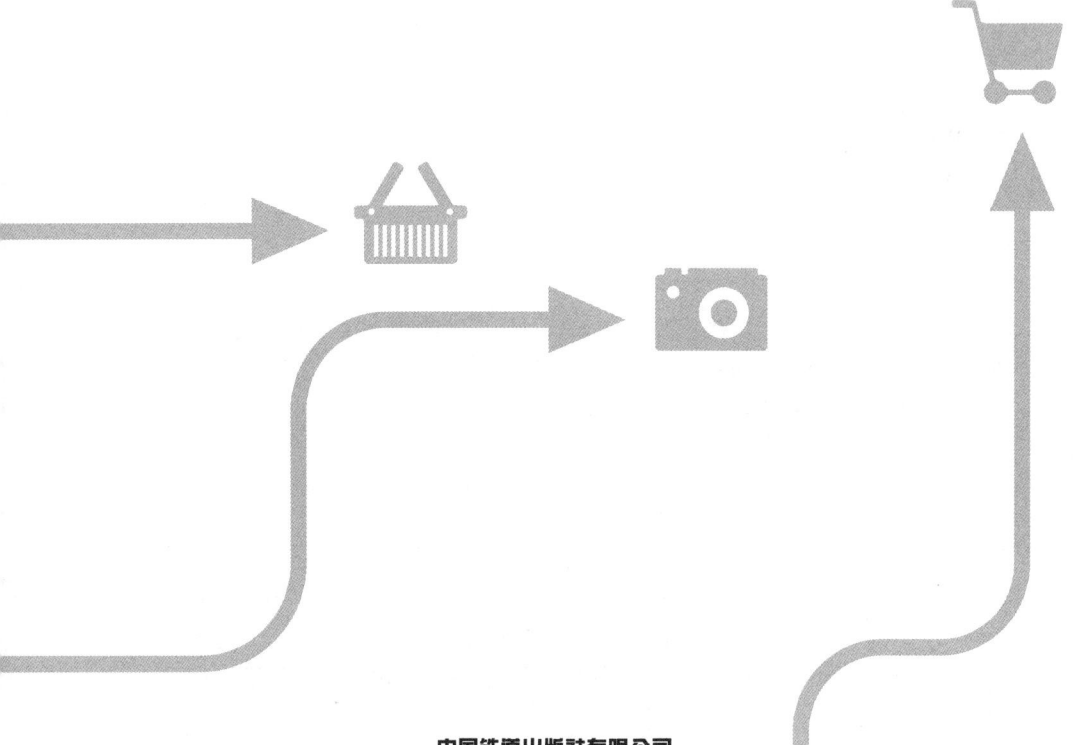

中国铁道出版社有限公司
CHINA RAILWAY PUBLISHING HOUSE CO., LTD.

图书在版编目(CIP)数据

变革的力量：零售业数字化转型实战／王淳,周君著．—北京：中国铁道出版社有限公司,2024.4
ISBN 978-7-113-31063-9

Ⅰ.①变… Ⅱ.①王… ②周… Ⅲ.①零售业-商业经营-数字化 Ⅳ.①F713.32-39

中国国家版本馆 CIP 数据核字(2024)第 044803 号

书　　名：	变革的力量——零售业数字化转型实战
	BIANGE DE LILIANG: LINGSHOUYE SHUZIHUA ZHUANXING SHIZHAN
作　　者：	王　淳　周　君

责任编辑：	张　丹	编辑部电话：(010)51873064
封面设计：	仙　境	
责任校对：	安海燕	
责任印制：	赵星辰	

出版发行：	中国铁道出版社有限公司（100054，北京市西城区右安门西街 8 号）
网　　址：	http://www.tdpress.com
印　　刷：	北京盛通印刷股份有限公司
版　　次：	2024 年 4 月第 1 版　2024 年 4 月第 1 次印刷
开　　本：	710 mm×1 000 mm　1/16　印张：14　字数：172 千
书　　号：	ISBN 978-7-113-31063-9
定　　价：	68.00 元

版权所有　侵权必究

凡购买铁道版图书，如有印制质量问题，请与本社读者服务部联系调换。电话：(010)51873174
打击盗版举报电话：(010)63549461

推荐序一

随着互联网红利的衰退，平台互联网企业、传统企业和新兴垂直细分企业之间的竞争与协作进入了动态平衡的新阶段。过去靠着爆款产品和流量垄断赢取生存空间的策略效应正在边际效应递减，企业开始全面审视自身能力，通过精细化运营数字和物理空间，捕捉市场生态中层出不穷的竞争与合作机会。

市面上的文章和书籍大多是开出了各种新模式的灵丹妙药，但很少见到从全局策略到业务和技术实现的落地体系。而我们知道，光是了解一些眼花缭乱的所谓打法，无法将机会转变为新的业务增长引擎。Thoughtworks（思特沃克）跟两位作者有着多年的合作，凭借着数字化创新和工程能力，以咨询顾问和实施伙伴的身份，协助作者负责的团队完成企业数字化转型的策略，让传统先进企业在数字时代占据了新的领先位置。Thoughtworks 的实践经验表明，数字化业务的能力有五个重要支柱：低摩擦的运营模式，企业级平台战略，客户洞察和数字化产品能力，智能驱动的决策机制，工匠精神和科技思维。数字化转型的一个核心目标是在这五个领域构建适合自身业务策略的流畅度。长期以来，我们一直在寻求将这五个支柱的能力转化为泛零售行业场景的作战地图。我们欣喜而有些意外地看到两位伙伴完成了我们一直想做的事情，在此恭喜王淳和周君。

相对于过去供应链到单一消费触点的线性增值模式，现代企业面临物理、数字融合，异业、同业杂糅的生态网络，当爆点的机会窗口转瞬即逝时，当需求和供应在各种不同路径中快速波动时，我们需要以业务愿景和策略为锚，以全局视角构建内部运营支撑能力，应对外部环境的多样性和变化速率。当前市面很多书籍中有着各种炫技和传奇般的成功故事，当真应用起来却让企业感觉心有余而力不足。而本书的不同之处在于，不仅通过战略决策和实施落地双环模型提供了全局的视角，更重要的是，作者凭借其在领先企业的实战经验，总结了体系中各组件具体可行的战术。因此，不管是希望获取全局视野的读者，还是希望获取特定领域方法和经验的读者，都将受益匪浅。

Thoughtworks 中国区总经理　张松

2024 年 2 月

推荐序二

在当今时代,数字技术蓬勃发展,数字经济逐渐成为全球经济增长的核心驱动因素。随着通信及互联网技术的快速发展,实体经济与数字技术高度融合,传统的零售商业活动发生了翻天覆地的变化,电子商务交易活动逐渐渗透到人们生产生活的各个方面。从商家侧来看,传统单一的线下实体零售受到巨大冲击。从消费侧来看,更加注重个性化和体验性的消费者在社群化、精细化基础之上提出了更高的要求。在当下新零售商业模式时代,居民消费逐渐由价格主导型消费时代向体验型消费时代转型,传统的实体零售行业数字化转型及业态创新势在必行。在这种情况下,如何突破传统实体零售的发展困境,制定符合自身发展水平的数字化转型战略,以达到提升企业绩效、促进企业价值提升、助力企业长远发展的目标。

竞争激烈的传统零售行业是典型的红海。而数字化转型,就是赋能企业在竞争中创新发展,确立自己的核心竞争力。这主要体现在:

数字化转型帮助企业构建大数据分析系统。利用物联网、大数据、人工智能等技术,以大数据为核心,精准细分消费群体,扫描识别消费者画像,实现各路消费信息汇总,分析消费习惯和需求,进而展开针对性产品和服务升级。实现线上线下系统共享和联动,最终实现消费者体验提升、商家销售额上升的双赢结局。

数字化转型促进实体零售行业上下游的商流、物流、资金流、信息流的支持和融合发展，重构产品和服务，打通相关产业链上的人、货、端、场全渠道。

数字化转型推动实体零售业生态圈重塑。不同行业的生产、流通与销售等环节通过数字化链接，推动各式各样的实体零售行业与现代物流、线上服务、线下体验的相互融合发展。

创新推动社会进步，而技术是创新最强劲和持久的驱动力。在新零售背景下，数字化转型对于传统零售企业来讲，已经不是一道选择题，而是一条为顺应时代发展的必由之路。

本书作者是我多年的朋友，精通技术架构及业务咨询。他们在零售企业的数字化领域耕耘多年，对数字化转型有着敏锐的洞察力，这本书沉淀了他们在学习和工作中的心得和积累。这也是一本兼具理论分析和实践指导的书籍，相信能够给读者带来一些体会和收获，在数字化转型过程中，提供一定参考帮助。

李志忠

2024 年 1 月

目录

第一章

数字化转型的价值与成功要素 ┊ 1

第一节 数字化与数字化转型 ┊ 2

第二节 数字化转型战略与价值 ┊ 6

第三节 数字化转型成功的必要条件 ┊ 10

　一、上下齐心 ┊ 10

　二、新的关键角色 ┊ 11

　三、开放与敏捷 ┊ 14

第四节 数字化转型实践三要素 ┊ 15

　一、认知 ┊ 15

　二、方案 ┊ 16

　三、工具 ┊ 16

第五节 全方位的数字化转型 ┊ 17

小结 ┊ 17

第二章

传统企业数字化转型的模型 ┊ 19

第一节　战略决策闭环 ┊ 21

　　一、企业战略 ┊ 21

　　二、企业组织架构 ┊ 22

　　三、业务全景 ┊ 25

第二节　实施落地闭环 ┊ 27

　　一、业务全景 ┊ 28

　　二、业务流程 ┊ 29

　　三、运营与服务 ┊ 31

　　四、交互与体验 ┊ 34

　　五、平台与生态 ┊ 36

　　六、IT思维与实施能力 ┊ 39

第三节　领域能力阶段期 ┊ 44

　　一、"拿来主义"阶段 ┊ 45

　　二、创新自主阶段 ┊ 47

　　三、超越互联网阶段 ┊ 48

　　四、阶段期的裁剪与迭代 ┊ 50

第四节　数字化IT项目的挑战与应对 ┊ 54

　　一、项目特点 ┊ 54

　　二、实践方法论 ┊ 59

　　三、可持续迭代演进的奥秘 ┊ 63

小结 ┊ 65

第三章

数字化转型和IT项目的关系与逻辑 ┊ 67

第一节 电商渠道——传统企业数字化转型的起点 ┊ 68

一、最佳转型试错 ┊ 69

二、营销域的探索 ┊ 70

三、电商话题的延伸 ┊ 72

第二节 "拿来主义"的瓶颈 ┊ 73

一、数据一致性问题 ┊ 74

二、体验一致性问题 ┊ 76

三、规划管理一致性问题 ┊ 77

第三节 企业数字化自研的崛起 ┊ 78

一、自研的崛起机遇 ┊ 78

二、IT团队的定位重塑 ┊ 79

小结 ┊ 82

第四章

数字化背景下的营销趋势及应对 ┊ 85

第一节 营销技术的趋势特点 ┊ 86

第二节 营销社交化 ┊ 89

一、去中心化的营销模式 ┊ 90

二、认同与社交分享的关系 ┊ 91

三、社交裂变营销活动成为标配 | 91

　　四、社交营销的马太效应 | 93

　　五、熟客社交化 | 94

第三节　营销内容精准化 | 96

　　一、精准营销的普及趋势 | 96

　　二、精准营销的实现基础 | 98

　　三、企业如何获得数据 | 100

第四节　营销的自动化与智能化 | 102

　　一、营销自动化的理解口径 | 103

　　二、营销内容模板化与规则化 | 106

　　三、业务结构统一化与标准化 | 109

　　四、业务数据归因化与闭环化 | 110

第五节　营销私域化 | 111

第六节　营销与销售融合一体化 | 112

小结 | 113

第五章

线上到线下（O2O） | 115

第一节　O2O场景逻辑 | 116

　　一、OOP：通勤必备 | 116

　　二、OOD："偷懒神器" | 117

　　三、预约能力 | 119

四、更人性化的O2O ┊ 121

第二节　门店协同 ┊ 124

　　一、业务数据互通 ┊ 125

　　二、业务流程协同 ┊ 129

　　三、企业运营协同 ┊ 130

第三节　演进过程中的再平衡 ┊ 134

　　一、线上线下再平衡 ┊ 134

　　二、POS的再平衡 ┊ 135

第四节　O2O的触点延伸 ┊ 137

　　一、更广的全渠道范围 ┊ 137

　　二、更灵活的运营模式 ┊ 139

　　三、更高的能力要求 ┊ 140

小结 ┊ 141

第六章

全渠道 ┊ 143

第一节　演进历史与发展逻辑 ┊ 144

　　一、单渠道 ┊ 145

　　二、多渠道 ┊ 145

　　三、跨渠道 ┊ 147

　　四、全渠道 ┊ 152

　　五、渠道演进阶段与数字化转型阶段的关系 ┊ 158

六、全渠道的适用条件 | 161

第二节　会员通的不同境界 | 163

　　一、用户标识通 | 164

　　二、会员身份通 | 164

　　三、会员权益通 | 165

　　四、顾客资产通 | 166

第三节　全渠道与中台 | 167

　　一、互联网业态中的中台 | 167

　　二、传统零售业态中的中台 | 171

　　三、中台对全渠道的价值 | 181

　　四、未来的中台格局 | 187

第四节　全渠道新业态 | 189

　　一、数字化场景异业合作 | 189

　　二、第三方生态触达模式 | 191

　　三、社群渠道模式 | 192

小结 | 194

第七章

数字化转型恰逢其时 | 197

第一节　政策法规优势 | 198

　　一、政策的持续支持 | 198

　　二、法律法规的不断完善 | 199

第二节　经济基础与经济收益 ┊ 201

　　一、经济活力与体量优势 ┊ 201

　　二、基建优势 ┊ 202

第三节　社会优势 ┊ 204

　　一、数字化场景与使用习惯 ┊ 204

　　二、个性化与社交需求 ┊ 205

　　三、大量的人才储备 ┊ 206

第四节　技术优势 ┊ 207

　　一、应用建设能力与多样性优势 ┊ 207

　　二、数据优势 ┊ 208

小结 ┊ 209

第一章
数字化转型的价值与成功要素

随着科技的快速发展,人们的生活、工作、社交等方方面面已经被数字化深度渗透。这种渗透不仅是技术层面的,更在业务模式、组织架构、企业文化等方面带来了深刻的变革。

数字化转型是企业适应时代变迁,追求更高效、更智能、更个性化的运营和服务方式的必然选择。它不仅能够帮助企业提升效率、降低成本,还能够创造出全新的商业模式,打破传统的行业边界,带来无限的创新可能。

然而,数字化转型并不是一蹴而就的过程,它需要企业有清晰的战略规划、坚实的技术基础以及全员的参与和配合。在这个过程中,企业需要不断学习新的知识、掌握新的技能、适应新的变化,这无疑对企业的领导力和执行力提出更高的要求。

通过本章的详细探讨,能对数字化转型的价值和成功要素有更深的理解,并以此为企业转型之路提供一些参考性的建议。

第一节　数字化与数字化转型

数码化即将信息转化为数字格式储存的过程。过去人、事、物、关系等信息通常存在于纸张或磁带上，如今可转化成以"0"和"1"构成的数字格式储存。以音像业为例，磁带被 CD 取代，可以说是因为模拟信号技术不敌数字音轨技术。

简单来说，当扫描手绘记事本，把文字、图案保存在电脑上时，就完成了一次简单的数码化。

为何数码化是一个必然趋势？当人们把信息转化为"0"和"1"构成的二进制数语言时，它就能被机器所理解、记录、传递、无损复制。以图 1.1 所示为例，模拟音频信号的磁带就像雕版印刷术中的雕版，每次翻录"摹刻"都会损失一定程度的信息真实度，为此，人们需要一直保留最原始且品质最高的"母版"即母带，维持效率有限的线性复制。而交给计算机保留的数码化信息，则可以无损质量、不限数量复制，比如现在随处可见的 MP3 格式文件。

随着计算机的普及，各行各业都在推动数码化，大量信息和内容被转化为"数据"这一全新的生产要素，借助数据能快速传递、无损复制、海量存储等特性，推动生产技术升级，提升工作效率，并成为数字化、Web 2.0、智能手机普及等一系列新变化的基础。

数字化是数码化发展的必然阶段。数字化是统计同类、聚合跨类、系统性积累数据的过程，也是逐渐与业务产生关联的过程。通过数字化，企业不仅可以降本增效,还可以借由数据模型实现科学预测,比如根据市场需要规划人力资源投入,或是根据不同顾客群体,制定个性化的营销策略。在此阶段,数据实质成为一种资产。

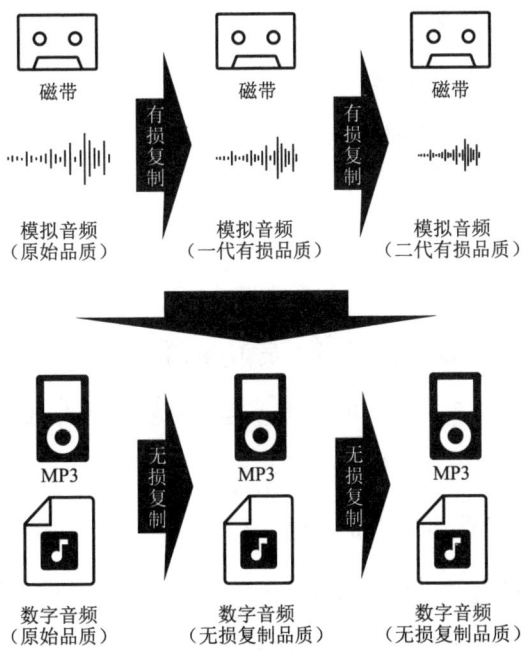

图 1.1 数字格式内容在复制场景下的优势示例

数字化转型是近几年耳熟能详的热词。数字化转型的本质是利用业务数据提升、拓展和改变商业模式。它是数码化和数字化后的必然发展阶段,如图 1.2 所示。

在日常实践中,数码化作为基础是绝对的,但数字化与数字化转型之间,只有逻辑上的先后关系,并没有实践上的绝对先后。数字化程度不高的企业,依然可以推动数字化转型,并在转型中促进上一阶段的工作进展。更有甚者,是从数码化阶段跳跃至数字化转型阶段,但这也给企业战略决策、项目计划和技术架构方面带来巨大挑战。

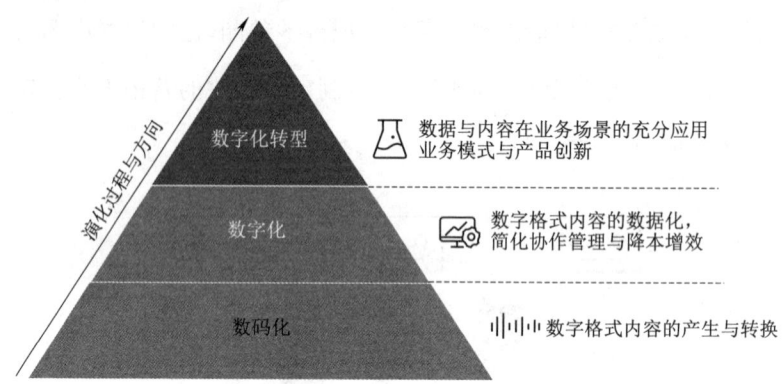

图 1.2 数码化、数字化与数字化转型之间的关系

从技术角度划分的上述三个阶段概念,并不广泛地被理解和认知。这会导致业务边界模糊,不同职能的人员不得不跨领域沟通,进行一些不必要的试错,拉长企业数字化转型的过程。这极易使企业对数字化转型的价值产生怀疑,对转型规划失去信心。

简单来说,数字化聚焦于企业内部管理,数字化转型则关注外部业务拓展、模式创新,相似的是二者都能对运营管理起到降本增效的作用。也有的企业经营者会把数字化和数字化转型分别归纳成业务信息化和业务数字化。

如图1.3所示,由于数码化是基础,也聚焦于企业内部,因此也可以把它视为是业务信息化的一部分。从企业发展的角度来看,业务信息化与业务数字化的目标不同、价值不同,但相互之间又有着重要联系。

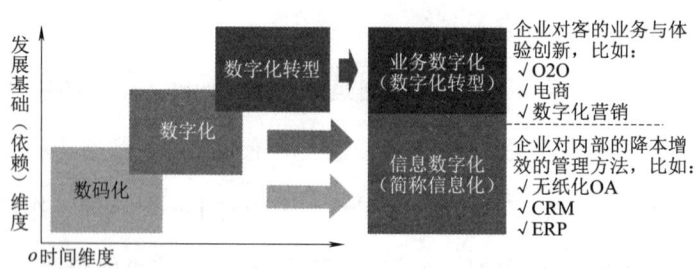

图 1.3 信息化与数字化对应数字化转型的关系

首先，业务数字化是建立在业务信息化之上的。如果企业没有广泛地实现信息化，数字化也将缺乏载体。比如一本字典无法实现电商平台的商品查找能力，而后者则是建立在业务信息化这一前提之上，才能实现信息的快速存储、查询、索引、更新与检索。

其次，业务数字化的目标，是实现业务模式创新，提升用户体验，具有互补性。而业务信息化则注重于强化控制、简化管理，具有替代性。比如，当你开始习惯把文字用电子文档传播给他人时，就基本放弃了手写这一传统的文字形式；而当你去电商平台"买买买"的时候，可能也在丰富和线下门店的交互方式——像O2O(online to offline,线上、线下融合)这种线下体验店因线上数字化业务的产生而改变自身定位和功能的案例，充分体现了业务数字化如何助力传统业务增加活力、优化体验和提升商业竞争力。

再次，业务信息化是片段的，而业务数字化是全域的(或者说是全链路的)。业务信息化聚焦管理目的，比如银行为了加快工作流程，让银行职员在为客户办理业务的过程中使用电脑、摄像头、扫描仪，不断应用先进的信息化手段。但对客户而言，办理业务的过程仍然是带身份证、跑网点、排队取号、去柜台办理、识别是否本人(无论是人员识别还是机器识别)，用户体验没有发生根本性改变。

而一旦银行用App与客户进行交互，整个业务就被数字化了：客户不需要排队，可以7×24小时与银行交互，也不需要带身份证了，刷脸就可以授权操作。客户不需要像过去一样手动填写表格，也无法直接拿到纸质单据，业务全链路都是数据在交互。

最后，业务信息化与业务数字化并没有绝对界限。很多把业务信息化做得比较极致的企业，天然处于业务数字化的萌芽期。而一个没有很好地完成业务信息化的企业，也可能直接通过业务数字化完成一部分信息化过程。

理解了业务数字化与业务信息化的差别，就可以来谈转型了。不同行业、不同企业对数字化转型的理解各不相同,但大多类型的企业都可以进行数字化转型,无论是传统企业,还是像微软这类跨国的科技企业,甚至包括被认为已经是业务数字化的互联网企业。

在不断地探索、创新与实践中,每个企业都有提升业务数字化价值空间的可能。对传统零售行业而言,数字化转型能快速创新服务场景,实施起点低,有显著收益,因此传统零售企业开展数字化转型普遍较早。

比如,传统零售这些年来都积极拥抱电子商务潮流,和消费者在线上进行互动,通过订单配送、到店提取、自助结算、个性化营销等方式,扩展销售渠道、提升销售效率、降低经营成本、提供创新与便捷的消费体验,已是传统零售数字化转型深入人心的典型案例。

需要特别澄清的是,业务数字化并不是数字化转型的全部。企业进行数字化转型的根本目标是业务提升和模式优化,过程中会涉及方方面面的改变。从企业战略到计划、从业务到技术、从运营到管理,都会体现数字化带来的影响,也会反过来影响数字化的效果和进程。所以,数字化转型的认知和实践都是系统性的,具体将在第二章中展开探讨。

第二节　数字化转型战略与价值

企业数字化转型,是对企业战略和运营模式的根本性变革。所以,是否需要数字化转型,以及制订什么样的转型计划,都会影响并成为企业整体战略的一部分。

数字化能力是企业数字化转型的核心价值。数字化能力体现在"想"和"做"两个方面:"想"指的是认知和决策,"做"指的是实践和试错。两者可以形成相互驱动的闭环,不断迭代。

一方面,数字化能力承载着用户体验,让全域的业务数据都可以通过数字化方式被收集、传递、处理与保存,形成企业的数据资产。另一方面,由于业务的流程、状态和结果都以数字资产的形式完整全面地保存下来,企业在处理和分析数据资产的过程中,可以更快寻找与判断业务链路上的弱点与瓶颈,更容易找到提升业务体验的创新方式,并通过实践不断地验证和改进。

企业通过缩小试错周期、提升迭代频率、不断拓展业务范围和提升客户留存率,就能在客户体验与业务增长之间获得双赢。

除了直接的业绩收益,这套持续实践、反馈、迭代的反馈机制的最大价值在于,它是长期和可持续的。在过去,传统行业与企业通常是以专家驱动(也叫经验驱动)为主的业务决策模型,特别是像零售这样业态复杂、市场变化快的行业,从决策到运营都依赖人的经验。

专家在信息化水平不高、业态复杂多变的情况下,凭借自身观察到的现象和有限市场信息,综合宏观环境、企业自身情况、团队与文化等一系列因素,做出判断和决策,其水准无疑是有天花板的。

当企业具有数字化能力后,情况就发生了变化。如图1.4所示,业务数字化让企业可以更多地引入数据驱动,让数据帮助专家更高效地归因、总结和预测,理性地提炼市场规律。同时,数据也在借助专家经验来应对还不能结构化和模型化的问题,让专家专注于思考创新、输出灵感,使得专家驱动与数据驱动之间形成协同与平衡。

由此,企业经营者可以通过更完整的数据支持,站在客户角度思考,提高分析深度和归因的准确性,找到更有前景的发展方向。由于数据分析、企业决策、实施反馈形成了可持续迭代的正循环,企业将从单一的专家型决策转变为数据与经验相结合的混合决策。

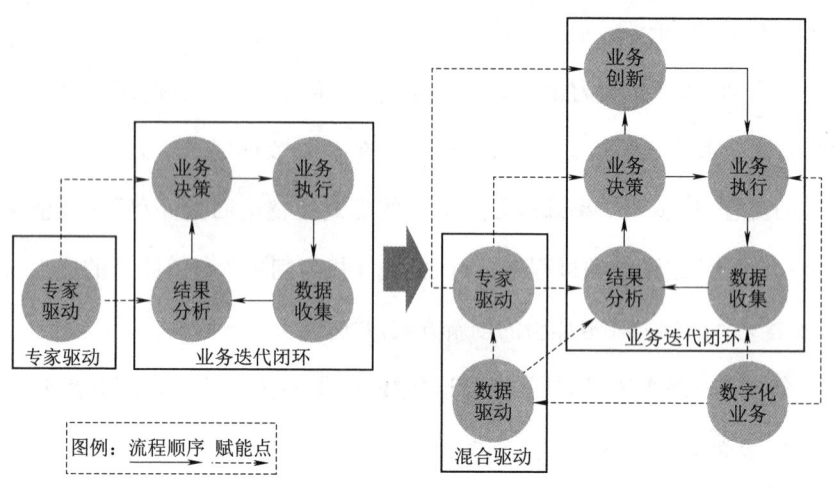

图1.4 数字化能力影响下的决策驱动模式变化

混合决策模式给了传统零售企业一个快速发展和升维的路径。传统零售企业可以在自己的业务场景中更精准地理解、把握和预测客户需求，在广度上拓展多元服务，在深度上提升体验便捷度和匹配精准度，并在运营侧实现更高效的自动化与智能化，从而在市场中更具竞争力。

比如，在营销品牌方面，"千人千面"（千人千面是指根据每个客户所属的画像、人群等差异，为他们提供个性化的营销策略）、"千人千券"等精准营销策略，高度依赖业务与用户数据累积，并配合技术算法才能实现。而在零售业务方面，线上线下相结合的新业态（O2O）更需要新的数字化系统与传统零售系统之间能实现全面集成，整合全业务链路数据，才能实现用户体验在线上与线下的无缝衔接。

在数据能力方面，像客户数据平台（customer data platform，CDP）及人们广泛探讨的"数据中台"，都是在数字化这一大时代背景下孕育而生的数据驱动业务的成熟技术方案。而营销技术（marketing technology，MarTech）更是数字化在营销领域的代名词。

在数字化转型后,传统零售企业在未来还可以融合新技术,成为"科技企业"。比如和虚拟现实(VR)、增强现实(AR)、人工智能(AI)、物联网(IoT)以及5G技术的无缝对接与集成后,企业就能在进一步完善与丰富体验的同时,探索更多商业模式上的创新机会。

2020年是数字化转型在市场全面普及的元年。虽然众多企业是因为市场冲击,不得不开展数字化转型进行自救,可在国家"十四五"规划纲要中,数字化转型早已上升为国家战略。无论如何,短短几年时间里,企业对数字化的投入都加大了。

根据埃森哲的报告,现在70%的企业都声称自己在执行数字化转型的战略。如果在高德纳上查询"数字化转型"关键字,可以查询到大量的相关报告,甚至直接使用百度搜索也可以发现大量数字化转型步骤、企业规划等各种各样的信息和资讯。

上一次出现类似情况,是在"大数据"盛行的年代。那时人们都在高谈阔论,每家公司都觉得同行在执行大数据战略,并因自己没有跟上时代的步伐而焦虑。然而事实上,当时真能说清楚什么是大数据,以及发挥大数据价值的企业并不多。

根据麦肯锡报告,在投入了大量资源的情况下,仅有不到4%的企业认为自己达到了数字化转型的目标。面对如此高风险与不确定的投资,全球大公司对数字化转型仍然趋之若鹜的主要原因之一,是企业经营过程中感受到的竞争压力与发展瓶颈。

现在处于世界500强的企业,随着新的数字化企业涌现,或许在不久的将来只有少部分可以保住500强的地位。因此,大企业的高管不得不陷入"囚徒困境",在主动冒险转型与被动"等死"之间做出艰难抉择。

对于大型企业,尤其是带有对客销售与服务属性的企业而言,由于可以在数字化渠道上提供服务，相较于传统大量开店、招人的运营模式，企业将有能力节省大量选址考察、开店流程、运营门店等经营成本，节约人力物力，以较小投入来应对更多的客流和业务量。

从获客到下单、履约，各种业务流程都可以全面数字化，以及尽可能地实现自动化。一方面可以提升效率与灵活性，将原本属于重资产和长期投入的行业投资轻量化；另一方面也可以降低传统线下业务受各类日趋复杂的国际经贸环境与不可抗力影响，并大大降低因此带来的显性或隐性损失。

第三节　数字化转型成功的必要条件

数字化转型成功的前提条件、必备要素很复杂，每个企业都要综合思考行业特征、外部环境（机遇和风险）、自身状况（优势与劣势），并探索这三者间相互影响的动态关系。然而现实中，在投入人力物力展开一项宏大的评估工程前，我们可以审视以下决定性因素，以快速判断一家企业有无必要投身于数字化，以及有多大概率可以转型成功。

一、上下齐心

企业的战略决策通常发源于高层管理者。然而，数字化转型却是一个需要企业上下各层级员工共同参与的项目，只有企业全员达成共识，转型才可持续开展并平稳过渡。这是由于数字化转型既需要企业高层的前沿认知，也需要中层的方案策划，更需要基层的执行落实，三者缺一不可。

全员协同很重要，但要如何分析与评价一家企业的协同水平呢？可以从"范围"和"程度"两个角度切入。

在范围上,自上而下覆盖面越广、贯彻越深入,转型过程中的共同作用力就越强,成功率就越高。在程度上,则可以分为三个层次:认可目标、认可过程、认可风险。

认可目标正如字面意思:让不同领域、不同部门、不同层级的人员都认可数字化转型是一个必然未来。具体来说,应让每个人认可总体目标与分解下来的具体任务。基于这种认可,大家可以在同一个认知框架下来逐步实现每一个项目里程碑,共同推进数字化转型。

认可过程是指对目标实现路径与方式的认可。条条大路通罗马,数字化转型之路是漫长的,相互协作配合的要求会比较高。因此在过程中,企业的转型参与者既容易自我迷失,又容易在需要创新和转变的领域产生对彼此的误解。因此需要建立过程认可,从而保障转型方向不偏离。

认可风险是指对转型过程中可能面临和遭遇的风险有所预见、未雨绸缪。它既包括对各项风险可能性有基本评估,也包括对过程中一定会面临许多未知风险的觉悟。这对传统企业而言是较有挑战的,因为传统企业长期面对的是相对稳定的经营模式和市场环境,自上而下的典型心态就是厌恶风险、避免风险。

然而,数字化转型不可避免地具有不确定性,必须对风险有一定的预期与接受能力,才可以避免因为小挫折而半途而废的尴尬局面。

有了这三类自上而下的认可,企业、部门与团队就可以稳定发挥,走入一段宽容度比较高的发展期与容错期。留出让企业验证和检验企业战略的时间,才能及时调整纠偏,避免数字化转型之路"欲速则不达"。

二、新的关键角色

企业数字化转型,业务创新是重中之重。

不同企业处在不同的领域,靠着不同的组织架构,面对不同的业务模型,产生各自不同的数字化战略。因此,企业需要根据自身情况及时调整,并不断适应新变化。

但从技术角度出发,仍然能找到一些确定性。基于数字化能力与数据处理管理能力的目标一致性,形成相对一致的技术角色需求,以及相似的团队结构。

过去,传统企业在信息化的过程中也会遇到一些问题,但体系与标准相对完备,变动幅度小、迭代频率低、解决方案的覆盖范围广,只需要稳步发展即可。在步入数字化转型之前,传统企业里常见的情况是,一家有着完整解决方案的供应商来兜售他们的解决方案,企业选择这家供应商而不是那家,更多考量的是价格、服务态度以及竞争对手的使用情况。

有时候,企业选择买的原因也不是真的需要,只是同业都有,跟风购买。甚至企业也不知道自己到底需要什么,反过来靠解决方案提供商来提供咨询服务。也因此,企业自己往往并不需要投入IT开发,只需要采购、实施(主要是集成)、优化流程,就万事大吉了。

所以传统企业自身IT能力都相对较弱,在数字化转型过程中,慢慢会发现仅靠花钱买系统、买服务来解决问题的甲方思维已经不能继续下去了。

特别是在直接触达消费者的场景里,技术产品需要符合企业自身特点,为此轻则配置运营,重则自主开发。

为了弥补传统企业的短板,在产研领域能跟上"互联网企业",关键角色是一个值得重视的话题。

1. 架构师

不论传统企业数字化转型的范围有多广,是在浅水区尝试使用第三方平台做数字化营销,比如微信、今日头条等,还是在深水区尝试核心业务数字化，比如建立跨渠道体验，都需要架构师这一角色。

比如解决方案架构师可以帮助企业总览业务信息化和业务数字化全局，综合业务、产品、技术经验，把握企业数字化转型全景与目标，制定技术方案规划，实现企业数字化能力和技术承载的长期可持续。

数据架构师可以从数据质量与数据治理的角度，协助企业获得可持续的数据驱动力，沉淀数据资产，实现数据驱动业务的商业智慧。

安全架构师可以帮助企业在数字化平台、业务与能力的搭建过程中，发现并修复安全风险，确保企业数字化业务的合规性，以及数字化业务、数据与网络的安全。

企业架构师可以帮助企业优化业务战略和策略，和业务部门一起制定业务目标与业务能力全景，不断完善部门和角色之间的协作模型，实现业务架构和治理，给解决方案架构师、数据架构师等提供重要参考。

总而言之，架构师是企业在数字化转型过程中的核心人才资产。不少跨国传统企业在转型过程中，甚至会选择搭建独立的架构团队。而解决方案架构师在很多时候也会兼顾企业架构师与安全架构师的角色，帮助企业在业务全景、企业能力搭建、架构治理等方面实现可持续良性发展，让业务、产品与技术之间的配合度更高、更快、更强。

2. 产品经理

传统企业在数字化转型的过程中，特别是零售、快消这类的传统企业，通常不仅和第三方平台合作，还搭建了自有平台（也被称为"私域流量池"），此时就需要"产品"职能。

网站、App与小程序是最为常见的企业自有平台，也是最需要产品经理操刀设计、运营和管理的地方。

产品经理能从视觉、操作步骤、用户心智等方面提升客户满意度，并引导客户做出符合业务预期的行为，帮助企业在品牌、营销、忠诚度、销售等方面获得创新增长。产品经理的普遍职能与传统企业熟知的业务分析有一些重复性，但在角色能力上，产品经理更富有创新能力，能掌控企业数字化渠道的流量与业务转化。在部分传统企业数字化转型的过程中，会有产品经理背负业务指标的案例现象。

3. DevOps（运维）

与产品经理一样，企业有了自有的渠道，就需要有IT基础设施来维持服务的正常运行。不论是自建机房、云服务，还是混合模式，也不论开发团队是自有的还是第三方的，都需要DevOps来维持日常的功能上线以及上线后的监控运维。

数字化场景下，各个业务能力网状交错、组合，更零碎的系统架构、更敏捷的迭代管理，都是控制开发周期和成本的重要方法，相应就需要有保证迭代效率和质量极限的角色。这也是DevOps在实际事务中不断提升相关环节自动化的原因所在。

数字化转型前后，传统企业一年的上线次数可以从几次到上百次。虽然这比不上一些头部的互联网企业或者科技企业一天十几次的频率，但如果没有DevOps，IT系统很难稳定地运行，数字化带来的业务就会大受影响。

需要特别注意的是，DevOps对高频发布支持的背后目标、主要和首要目标都是保证在复杂技术架构下各个系统的质量，从而保证数字化业务的连续，而不是为了高频发布而发布，更不能因业务需求而随心所欲。可高频发布是一种数字化开发和管理的能力，并不意味着不管需不需要都去最大化地使用它。毕竟，发布和质量的风险是与发布次数成正比的。

三、开放与敏捷

有了自上而下的充分认可，代表有了数字化转型的意愿；补全了缺位的角色职能，代表具有数字化转型的能力。然而，所有转型的灵魂都是创新与改革。如果没有开放与拥抱变化的意识，传统企业就还是被限制在过往模式里，无法真正拓展数字化业务。

拥抱变化的意识，不仅体现在外部的业务与客户体验上，也体现在企业内部组织架构、管理方式、企业文化、部门之间合作态度、团队工作流程等方方面面。如何选择、取舍和划定边界，就取决于企业数字化转型战略。

高层管理者在数字化转型初期会面临一大堆疑问。比如，要不要设置新的数字化转型部门？该部门应包含哪些职能？这些职能与现有组织架构的关系是什么？职能在多个部门遇到重叠该如何评判？当前企业各个流程会需要什么样的改变？这些流程改变会带来什么影响？真的要选择变化吗？

这些问题事实上会影响企业最终的转型成败，甚至是生死存亡。所以这就更需要企业高层、各部门一把手发挥聪明才智，抱着合作共赢的态度，携手一同解决问题。在这个过程中，如果能找一些了解行业又有数字化转型经验的人来提供建议，将会是一个明智选择。

第四节　数字化转型实践三要素

数字化转型实践和其他颠覆性的创新一样，也不是光靠简单模仿、复制就可以顺利完成的。面对这种结构性的改变，需要从三个要素去考量数字化转型实践：认知、方案和工具。

一、认知

认知是传统企业做数字化转型的天花板。企业如何看待和理解数字化转型,直接影响转型实践的预期和希望。比如,若企业把传统零售数字化转型片面地理解为"电商和O2O",就会让不同渠道的客户体验割裂,也容易让履约和发货发生混乱,让不同的运营流程之间产生冲突,最后既影响品牌和业务,又影响业绩和效率。

又比如,一个决策者将数字化转型片面地理解成要收集更多数据,那么对应的可选方案就是采购数据中台,强化数据分析能力,协助业务决策和洞察。但由于缺乏数字化体验的载体和渠道,同时缺乏足够的营销内容,业务决策最终无法以合适的方式、内容去影响用户。

二、方案

正确的认知下,才有合理和可行的方案。方案应包含企业数字化转型的终点、阶段目标、实现路径以及参与和支持的技术、人员。

三、工具

工具是提升实践效率和状态感知的软件及模型。俗话说,工欲善其事必先利其器,合适的工具可以让企业在数字化转型中,对流程、状态、效果等有最快的响应速度,提升转型的敏捷度。

比如,企业在精准营销中管理人群分组时,就需要标签管理类的平台工具来协助,集成后的平台工具相较于人工的导入导出和表格整理,不仅大幅提升效率,还能在营销活动期间实时调整目标人群。

这三个影响维度,既能指导企业步步为营地开展数字化转型,也能帮助企业解决定位问题。

总体来说,数字化转型实践的三要素——认知、方案、工具是相辅相成的。正确的认知能指导企业制定出正确的方案,合适的工具能帮助企业实现方案。只有这三个要素都到位，企业的数字化转型才能顺利进行，以及最大程度地发挥数字化转型的价值。

第五节　全方位的数字化转型

数字化转型是企业发展的必然趋势，它带来的不仅仅是技术的改变，更是商业模式、组织结构、工作方式、企业文化等全方位的变革。企业需要正确理解数字化转型的含义，制定出合理的转型方案，选用适合的转型工具，才能实现顺利转型，创造出新的商业价值。

然而，数字化转型并不是一蹴而就的事情，它需要企业的持续努力和不断学习。企业需要建立一种开放、创新、学习的文化，鼓励员工积极参与转型中来，共同推动企业的数字化转型。

在未来的数字化转型之路上，我们期待看到更多的企业能够成功转型，创造出更多的商业价值，为社会的发展作出更大的贡献。

小　　结

本章要点：

◇ 数码化赋予了信息和内容数字化存储的能力，数码化是数字化和数字化转型的绝对基础。

◇ 数码化和数字化后，数字化转型是一个必然的发展阶段。

◇ 企业数字化转型的实质，是对企业战略和运营模式的根本性变革。

核心是利用业务数据,通过数字化技术手段和方法提升、拓展和改变业务模式的过程。

◇ 是否需要数字化转型,以及制定什么样的数字化转型规划,是企业战略的一部分。

◇ 企业数字化转型的价值,源于数据分析与决策实施之间互为因果的良性循环,帮助企业逐渐从单一专家型决策,转变为数据与经验相协同的混合决策模式。

◇ 数字化转型成功三个必要条件:

> 自上而下的充分认可,具体为认可目标、认可过程、认可风险;

> 必要的角色与职能:架构师、产品经理和DevOps;

> 开放与敏捷的态度:体现在企业组织架构、企业管理方式、企业文化、部门之间合作模式、团队工作模式等方方面面。

◇ 所有转型的灵魂都是创新与改革,开放与拥抱变化的意识,可以帮助企业摆脱传统的业务模式束缚,建立数字化的格局和理念,拓展数字化业务。

思考与行动:

通过本章的阅读,请思考和回答下述问题:

(1)什么是数字化转型?数字化与信息化的区别和联系是什么?

(2)你所在的企业使用什么战略来展开数字化转型的进程?数字化转型对你所在的企业最大的价值是什么?

(3)你所在的企业在数字化转型过程中遇到的最大的困难和挑战是什么?是什么原因导致这些问题以及如何应对解决?

第二章
传统企业数字化转型的模型

为了保证数字化转型的平稳有序,其过程会被分为几个阶段,不同阶段有不同目标、任务与焦点。本书将其总结为双闭环模型,如图 2.1 所示。

双闭环模型由两个大闭环组成。闭环 1 由 A、B 和 C 组成,闭环 2 由 C、D、E、F、G 和 H 组成。其中,C 是两个闭环的连接点。

闭环 1 为数字化转型战略决策闭环,包含和战略决策有关的顶层设计,其转型周期较短,通常在几天到几个月不等。闭环 2 为数字化转型实施落地闭环,是基于闭环 1 的结果,分解为各个阶段、步骤与维度的执行过程,也是转型最复杂的一个部分。

使用字母 A 到 H 来做指代,能让我们更聚焦框架结构。后面将具体描述 A 到 H 的内容,以及如何判断企业处于哪个阶段,从而找到进阶的发展思路。

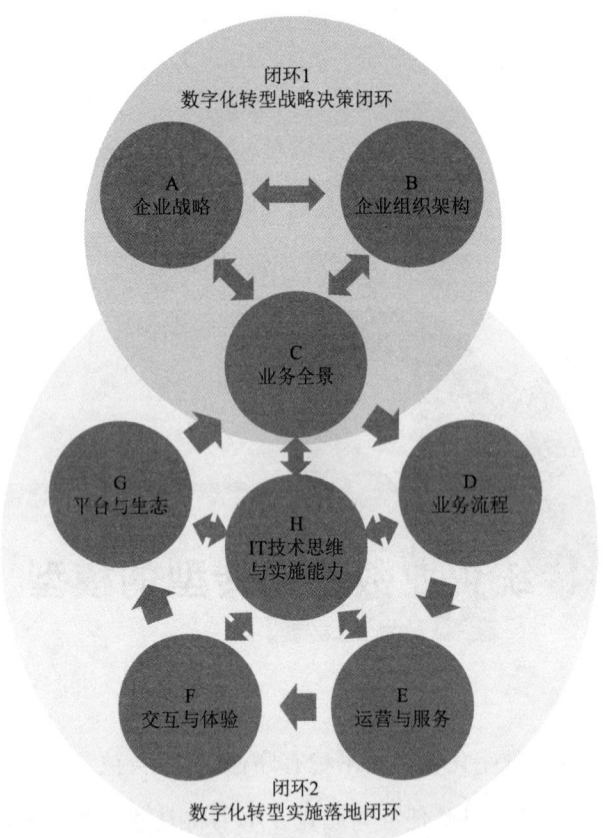

图 2.1 双闭环模型

双闭环模型体现了传统企业数字化转型中各阶段、各要素及其之间的关系。作为参考，有助于企业明确目标、分解任务、预估会有哪些挑战，从而评估自身转型的准备是否充分。

企业必须具有前瞻性地部署计划，最终才能收获数字化转型的价值。

第一节　战略决策闭环

数字化转型战略决策闭环(即闭环1,图2.1上部小圆包含的部分)由A、B和C组成。

一、企业战略

A为企业战略,是整个数字化转型的起点。在战略制定之前,企业需要重新审视自身定位,包括行业竞争格局、业务类型、商业模式等。战略是转型后续工作的根本框架,一旦框架格局太低,就会严重束缚企业发展机会。

数字化业务对传统业务不是简单的替代关系,而是相互融合、相互促进、相互提升和探索创新的关系。也因此,企业可以围绕如何融合、互补和开创新业务形态来作为设立企业战略的角度之一。

在企业战略阶段,企业管理层的思想解放尤为重要。举一个常见的例子:直接接触消费者的企业,应该如何定义自己?是销售"商品",还是在销售"服务",抑或销售"客户体验"?很明显,提供体验可以更好地诠释商品和服务,既是一个更包容的定义,有利于规划未来的业务范围,又突出了以客户为核心的理念。

一旦企业把自己定义为客户体验提供者,体验和业务的优先顺序就改变了:客户体验不再只是一个个分布于业务中的片段,而是先考虑整体体验,再去管理和建构业务。

在认知转换的过程中,企业才能建立新模型,而不仅仅是在旧模型中优化体验。

另一方面,企业也不能好高骛远,因为认知格局的突破而想包揽一切,还是需要根据自身的各方面情况,制定相应的数字化转型目标与任务拆解。古人有云,"一鼓作气,再而衰,三而竭"。如果企业上下各层级没有充分信心,那么在遇到困难与挑战时,则容易使企业的内耗加剧、效率降低,进一步给转型带来心态上与执行上的双重困难,进入恶性循环。

二、企业组织架构

B 为企业组织架构,是最先被企业战略影响的部分。当企业准备实施自身的数字化战略时,组织架构的调整与变化是显而易见的。

前面提到,企业数字化转型的本质,是对企业战略和运营模式的根本性变革。因此,需要解决三个核心问题:业务模式、资源投入、组织结构。

对业务模式进行主动变革,需要大量资源投入,而确保资源以预期方式投入的基本保障就是对组织结构进行调整,从而确定相互之间的职责界限、权利与义务。

在实践层面,组织架构的调整是围绕业务、产品和 IT 三大职能展开的,目前比较常见的有以下几个方向:

1. 创建一个围绕整体数字化的大业务线

企业成立数字化业务部门,与传统业务部门并列,以此来促进内部业务竞争改良,并推动数字化转型。

该策略一般用于业务部门话语权较高的企业。这一组织架构在数字化转型前期,可以高效地扩展数字化渠道和业务流程,对传统业务侧的影响较小,因此风险也小。

而在数字化转型中后期,企业需要让传统与数字化两个大业务线协作、融合,探索出新的业务模式,并优化老模式。

这类组织架构实践所面临的挑战和 IT 团队有关。IT 团队不论是存在于任何一方之中,还是双方各有自的 IT 职能机构,都很难避免在组织架构上产生冲突或争议。

IT 的理想状态应该是无缝衔接的——让数字化能力、数据和内容能够无缝集成,从而打造无边界的顾客体验。由此,源于 IT 侧的冲突,容易蔓延传递到业务和产品侧,导致业务、产品和技术在各自垂直部门和跨部门之间产生矛盾,或在实施层面上因"部门墙"而产生阻碍,影响企业数字化转型进程。

另一个在后期有可能产生的问题,是数字化业务可能与传统业务产生营收争执。

虽说在组织架构前期设定了有竞争的促进方式,但初期竞争的目的是促进改良,而不是让一方抢夺另一方的份额或市场。在数字化转型前期,由于往往是业务增量阶段,两者协作很容易达成默契。而在后期,业务逐渐进入存量阶段,挖掘增量业务渠道、扩大转型范围、优化客户体验的成本巨大,此时内部竞争极易变为内耗的恶性竞争。

所以,这个策略的前期有低风险优势,但这一优势到了中后期则会化为巨大的挑战,如何管理进程,在增量阶段和存量阶段灵活调整策略,是该策略对企业管理层提出的要求。

2. 把数字化中的产研团队(产品和 IT 研发)设置为独立整体

成立"共享式"的数字化产研部门,为其他业务部门提供技术支持,从而推动数字化转型。这样的策略一般用于销售、营销、运营等各方面相对比较平衡的企业。

这一策略在实践中不会有明显的前中后期区别,优劣势会一直处于稳定状态,不需要像上文第一种策略一样进行阶段调整。其优势在于,首先,由于IT是被共享的,企业在数字化转型过程中相对容易构建出统一框架和平台,比如业务中台和数据中台;其次,在组织架构上也把数字技术视为要素之一,有利于技术侧的能力构建,从而为技术产品化、平台化、智能化和自动化带来更大的发展前景,进一步驱动业务创新走得更远。

然而这个策略的潜在挑战在于,光靠组织架构不足以支撑转型进程,企业需要大量来自其他各部门的再调节。比如,业务部门之间需要平衡协调的不仅是相互职能范围的重叠程度,还有它们之间相对于IT部门的优先级。而这个优先级既可能来自IT部门自身,可能来自过去形成的业务话语权,也可能来自预算与应用条件,最大可能是来自以上不同方面的组合影响。

用一个比喻来说明:上文第一种策略就好像一个人需要正面应对许多扔过来的石头,但背后是相对安全的;而第二种策略的情况是,虽然正面扔过来的石头相对少一些,但是背面也会有石头扔过来,这个人需要分散精力成为多面手。

3. 在已有部门中,按需下设数字化产研团队(部门或小组),协助该部门进行数字化转型

这是更侧重于强化已有部门权责、弱化数字化团队自主能力的策略。这样的策略一般在原有业务部门相当强势,管理层不敢冒险改动的情况下使用,也常见于各部门相对独立、协作程度低的企业。

这个策略的优势在于稳定原有部门运作,而劣势在于难以发挥IT在产品化、平台化、自动化与智能化等方面的业务驱动力,是一种相当保守的组织架构策略。这种策略在市场化程度高的企业的数字化转型中不易出现，而在信息化转型中比较常见。

以上是几种常见的组织架构在数字化转型中的调整模式，很多企业会根据自身情况做微调，但核心逻辑与对应模式的优缺点依然保持一致。比如，也有企业选择在既有业务部门下设IT团队，同时又设立共享的数字化产研部门，其背后逻辑是结合了上面第二、第三种考量，那么其优势与劣势也会随之放大、缩小或转移。

传统企业由于自身业态与历史原因，很难像互联网企业一样，从根本上改变业务、产品与IT之间的关系，必然要面临新旧融合的矛盾过程。因此，传统企业的业务、产品和IT是一个无法通过组织架构调整就完全解决的问题，不存在全面平衡、绝对稳定的状态（与项目管理中的资源、质量和时间三个要素一样）。企业只能根据自己的情况，扬长避短，选择最适合自己的组织架构模式。

当然，企业也可以根据时间和阶段变化，及时切换策略，比如在第一种策略的中后期，切换到第二种策略。但凡事都有两面性，从组织架构模型上这或许是正确的，但切换过程本身的风险却也不容忽视。"切换"过程的时间长短、方式与时机，都决定了"切换"本身会带来多少不确定性。

三、业务全景

C为业务全景，是企业内部对预期的共识，同时也是在数字化转型的整体战略与组织架构确定之后，实施开展的起点。

业务全景与组织架构一起，决定组织内部的协作关系。基于边界明晰的职能分配，业务全景能获得自上而下的认可，从而为后续工作分解出阶段性的业务目标、优先级以及业务模型。

由于认知不足，人们容易误解业务全景的存在形式，比如习惯性地将整体销量、盈利率、某些渠道的占比等数值，狭隘地视为目标本身。数字化转型是为了让企业走出传统模式，在越来越多的数字化业务被探索、发现和引入的过程中，实现商业创新。诚然，数字化业务是基于数字技术来支撑、组合和表达的，但在更高的视角下，这些都属于业务全景的考量范畴。

下面尝试通过一个故事，来描述传统业务全景是如何被数字化改造的。

一个烘焙店老板对自己的面包非常有自信，生意也一直不错。老板希望后续可以将烘焙商品种类翻一倍，并能开出第一家分店。但同时，老板又时常因恶劣天气和门店位置不够好，面临顾客量减少的困扰。他的朋友建议他可以引入手机点单和外卖服务，尽量规避天气与位置带来的不利因素。在引入这些数字化的业务板块后，这家门店的营收翻了一倍，同时由于门店位置的选址门槛降低，新店也更容易开出来了。

在这个故事中，老板希望提升商品数、门店数和销量，这些都是传统业务全景容易被理解的部分，而当引入手机点单和外卖服务后，业务场景变化，也因此需要提供顾客手机上的内容、交互、商品数据、购买流程、支付等一系列的数字化能力。

注意不能颠倒业务能力和营收目标的先后关系。数字化业务量（比如外卖销量）的目标是在数字化业务能力的构建完成后，才会自然产生的，能力是目标的根本前提。

由于数字技术天然可快速复制，数字化业务也有低成本快速扩张的可能性，同时迭代优化的效率也远非传统业务能比。因此具有一定规模的企业，在数字化转型后，往往可以打造一个高速发展的良性循环。

对于多数传统企业而言，基于品牌考量，数字化有利于提供一致的业务模式、业务内容到各个地区，尽可能规避不同文化习惯、不同人员素质等差异给品牌一致性带来的影响。提升对庞大业务的掌控能力，可以更好地保护和培养品牌。

因此多数传统企业的数字化转型前期，扩展数字化渠道、提升数字化流量、提升全链路数字化体验、提供一致性的服务和品牌感，都是业务全景的重要内容。

企业战略、企业组织架构和业务全景形成一个决策闭环，除了它们，其他都是在数字化转型的前期决策之外，还因为这三者有很强的相互影响关系。企业组织架构和业务全景深受企业战略的影响，而其实，它们也对企业战略产生巨大作用力。

(1) 企业战略的制定一定会考虑企业当前的组织架构以及潜在的业务方向，一个不切实际的企业战略无法真正实现。

(2) 当数字化转型实施落地闭环结束以后，无论这个结果与过程中的得失如何，企业都需要对此进行回顾与总结，并结合企业战略与企业组织架构制定新一轮的业务全景。

(3) 企业战略是会持续发展和不断调整的，企业组织架构也会因为战略调整以及经验总结而持续改进，要注意厘清变化中各项要素的因果顺序。

第二节 实施落地闭环

数字化转型实施落地闭环（即闭环2，图2.1中下部分大圆包含的部分）由C、D、E、F、G和H组成。

一、业务全景

C 为业务全景,在数字化转型的战略决策闭环中作为末端,而在数字化转型的实施落地闭环中作为整个实施循环的起点,是两个闭环相互影响和连接的重要桥梁。

基于之前决策闭环中确定的组织架构,不同的组织(分支机构、子公司、部门、团队等)可以有各自的阶段性业务全景。同时,组织之间,也可以有相互支持、配合甚至是竞争的业务目标。这取决于具体企业采取何种战略、组织架构与企业文化。

一家企业如果强调上下级关系,那么业务全景就会呈现较强的从属关系。而如果是职能范围重合度不高的企业,一般都是以互补协作的关系为主。在目前为止的传统行业中,一般不容易出现"内部赛马"的、面对面的竞争淘汰关系。因为传统行业不像互联网行业,业务后端通常比较重,试错和淘汰的成本和风险太高。

数字化转型会加速抛弃原有的"卖商品"和"卖服务"的企业认知,而转向使用更具有包容性的体验概念。

"体验"对企业过去的业务模式有着更通用的概括性。企业的核心业务,不论是售卖看得见摸得着的具体商品、提供抽象主观的服务还是两者兼而有之,都能很好地用顾客体验来审视、囊括与兼容。由此,衍生并与传统融合的数字化业务,才可以在顾客体验这统一框架下,不断扩展、延伸和组合。更重要的是,统一的认知框架也能避免企业内部沟通不顺畅,上下不齐心。

体验这个词也更能体现对顾客的尊重。长久以来一直被宣传的"顾客是上帝"等口号,对于以销售为导向的传统企业而言只是一个噱头,无法完整实现。从服务到体验的认知转化,才是企业在数字全链路上确定顾客地位的根本保证,确保各个环节的探索不会偏离顾客体验,获取顾客信任,才能在同业竞争中获得领先优势,并提升品牌忠诚度。

在数字化转型之前,很少会有企业在运营与决策中,考虑员工的体验。企业内部的普遍认知是,凡是能靠堆人力来解决的事就靠人力,因为成本可控,企业内部能够靠"吃苦耐劳"克服一切困难。如果撇开人文考量,单纯从企业的业务运营效率出发,这并不是一个黑白分明的能简单评价为对与错的想法。

但当企业融入数字化业务,评价标准就大为不同。

随着员工参与企业的方式从传统走向数字化,一方面,大量简单重复的工作将被技术工具所替代,在这些环节中,技术工具的效率不是人力所能企及的。举个例子,原本经营一家门店,业务增长高度依赖门店数量增加,但开一家新门店少则几个月,长则一年,其间有选址、招募、装修、人力培训等无法快速"复制"的环节。但对于数字化业务而言,某个商品或虚拟服务上个架,或者网站发布一个新版本,业务的扩张可能就实现了,依赖人力的业务是无法实现这种增速的。另一方面,数字化业务未来要往平台化和自动化发展,运营也需要数字化。所以直接的结果就是,企业员工参与业务运营的模式也开始转变,更高效、更迅捷、更智能,也意味更需要员工自主思考,此时良好的员工体验对于确保员工发挥主观能动性有强烈必要。

所以企业在数字化转型下的业务全景,必然是一种基于业务体验的愿景——从对外(C端)与对内(B端)体验出发,融合产品的思维框架,从心智、场景、能力几个方面,树立立体的业务全景。

二、业务流程

D为业务流程。业务全景只是一个预期目标,基于此,企业内各部门还需要构建具有可行性的业务流程。

之前强调过，在数字化转型中，企业认知需要进行两个转变：一是关于顾客体验的转变，二是对业务能力的转变。而业务流程的本质，正是将数字化能力与传统业务能力综合在一起，构建企业日常业务运营，并实现数字化业务体验的愿景。

一个简单的例子是，企业要做外卖服务，就是一种业务全景，而其对应的业务流程则是提供外卖服务入口、浏览菜单、供选择商品、提交订单、订单支付、订单履约、通知顾客取餐……最终订单完成。其中的每一步都需要对应的能力，既可能是传统的人力，也可能是数字化能力，但无论何种能力，最终都要以顾客体验为评价标准。

这是一个相当简单的业务流程示例，现实中企业要面临比这个例子复杂得多的业务流程。顾客感受到的体验流程，包含丰富复杂的交互、促进、了解等步骤。同时，业务流程也不只是企业前端业务中肉眼可见的流程，还包含企业后台不同领域的运营流程，比如供应链、财务等。

企业在制定业务流程时，除了要充分考虑自身情况，还要平衡不同端口、不同阶段的风险及收益。一个业务的顺畅运营，需要从企业侧到客户侧，从台前到幕后，方方面面的流程打通，相互协同才能最大化运营效率，否则一个美好的业务流程可能会因为少数几个环节遇到阻碍，使整个链路的业务目标无法实现。

当然，业务环节缺乏协作并不仅是数字化转型和数字化业务才会面对的问题，但在企业面对数字化这一陌生命题的今天，却更容易因为不熟悉、不了解、夹杂侥幸心理而使其发生。

业务流程最根本的目标是帮助企业业务成长，因此，企业可以不受限地组合业务流程与使用业务能力，可以是完全创新的，也可以是基于原有业务做改进；可以是完全基于数字化的，也可以是数字化与传统方式相融合的；可以是单一部门自行完成，也可以是多部门协作完成。

企业可以根据自身的实际业务状况选择具有可行性的业务流程。对于那些在这方面经验不足、能力不充分的企业，可以先选择最简可行产品模式，先创建比较简单的业务流程投入市场，并合理地估算价值预期，观察市场接受度和企业可行性，从而进一步探索实际能做到的理想业务流程，即小步快跑，逐步迭代、提升和增强。

业务全景与业务流程之间并不是单纯的上下游关系，而是一个长期的、动态的、互为影响的关系。从整体进程的角度，业务流程是业务全景的后续，但由于业务全景过于笼统、宏观与抽象，能不能细化成业务流程，以及流程之间是否会有依赖与冲突，都是不确定的。因此在实践中，在领域内数字化创新相对前沿，没有足够参考案例与模仿对象的情况下，由于业务流程的不断细化，人们的认知也不断提升，导致反过来再次影响并调整业务全景的情况也时有发生。

特别是当大家想法很多的时候，时常因为头脑风暴的内容太多太广，以至于偏离了原本业务全景的动机与范围，需要回头去重新调整和强化业务全景。

三、运营与服务

E为运营与服务，既包括传统的企业运营服务能力，也包括数字化的运营服务能力。业务流程定义了业务的流转过程、步骤与规则，而在现实场景中，业务流程是需要对应的运营与服务支持的。

以营销活动为例，业务流程可以明确活动的触发条件，比如一名顾客满3笔288元以上的订单，可以获得某奖品。但营销活动不会自行完成，需要有人去向顾客解释活动规则、处理活动纠纷、管理和派发奖品，这些都是"服务能力"的范畴。

数字化转型融入企业之前，传统企业的服务能力，和"人"有着直接且紧密的关系。从产品研发到制造，从供应链到销售，从营销到客户服务，都主要靠人来做连接、沟通、决策和执行，特别是在业务的末端，靠人的当场发挥来和顾客交流，提升顾客体验，完成企业销售。

鉴于人在技能和文化上的个体差异，在主观态度上的不稳定性，以及在招募、留存与培养上较长的时间周期，传统企业在运营上要长期面临诸多挑战。

在数字化转型融入以后，随着渠道扩展、流量增强、业务流程趋于复杂，对服务能力的稳定性要求也会越来越高。原本容易被预测的业务状态，变得更难以掌握，业务的程度、频率和复杂性全面加剧了企业在"人"这个因素上的挑战。

所以，传统企业在服务能力上，需要与前置的业务全景和业务流程相匹配，在运营的计划阶段充分估计、留好空间、备好预案。

与之相对应的，数字化转型也在服务能力方面，给传统企业提供了新的解题思路。

其一，数字化业务在对客户的末端，很大程度上避免了依赖"人"来处理一切问题。即使人依然是服务的重要参与者，但人的定位开始从实施执行向决策领域倾斜，降低了人在简单体力型活动中的参与度。

其二，数字化工具、平台与方法的使用，也可以使传统运营模式从劳动密集型向平台化、自动化和智能化方向演进。

数字化的服务能力建设，可以作为业务全景的一部分统筹考虑，同时，也需要和业务流程之间有充分的衔接配合。没有服务能力给予支持的业务流程,容易导致"愿望是美好的,现实是骨感的"。

运营服务能力与业务流程之间,在一定程度上是匹配平衡的。

在业务流程中提到,传统业务流程与数字化业务流程可以根据实际情况,选择融合、创新或是替代。同样,运营服务能力也会对应流程,在传统与数字化的比例上展现相似的关系。

业务流程中传统与数字化的部分,会在相应的运营服务环节中,分别匹配传统运营服务能力与数字化运营服务能力。

从长远趋势来看,这样的匹配对应,只是一个初态,是为了容易往数字化业务方向拓展和迁移。即使是被保留的传统业态与业务流程,趋势上也会往数字化运营服务能力发展。比如,业务流程中有一个环节是顾客预约,过去可能是用人工电话的方式预约,慢慢就会转向网页、App 等方式预约。

运营服务能力同业务流程一样,都会涉及企业侧到客户侧的整个链路。因此,运营服务能力除了要与业务全景和业务流程相匹配,自身不同的运营与服务之间也需要平衡。比如,对传统企业而言,营销端很热情地给客户发券刺激消费的时候,虽然营销流程可以是数字化的,容易低成本、低风险地弹性扩展,但其他环节是否也一样能弹性扩展呢?当压力不可避免地传到传统后端,像供应链、物流、生产等环节,一旦不匹配与不平衡的程度太大,就容易"好心办坏事",造成负面舆论和品牌损害,同时给运营带来不必要的善后压力。

与业务全景和业务流程之间的关系类似,运营服务能力也会给业务流程正向或负向的反馈,业务流程会因为服务能力的实际情况和合理预期,适配地进行调整,并进一步触发与业务全景的相互影响。

四、交互与体验

F为交互与体验。之前说的业务流程与运营服务,都是从企业侧视角出发,强调要有什么样的能力、以什么方式提供给客户什么。这些提供的流程与服务,最终体现在末端,从客户视角来看便是交互与体验。

交互体验与业务流程的关系,就类似营销与销售的关系。销售人员能力很强,商品也很有特色,但没有好的前期营销,客户根本就不会注意到,也不会有意愿来了解商品。因此好的交互与体验,在整个业务过程中起着非常重要的作用,这也是为什么之前在总结传统企业数字化转型所需要的角色时,特别提到了产品经理这一角色。

交互与体验的重要性对于传统企业而言,是一个认知上的挑战。在数字化转型融入之前,传统意义上的"交互"仅是营销人员与客户的沟通,结合线下的内容载体,带给客户主观上的体验感受。受传统业务方式的限制,交互的概念大体集中在"如何和客户沟通""言辞如何更优雅""服务态度要主动积极"等规则的细化与执行上。

相比传统企业,互联网公司从一开始就更关注交互体验,因为在数字世界,好的交互(无论是行为还是视觉交互)吸引流量,好的体验留存流量,可以说,流量是互联网公司获取收益的一个核心基础。所以互联网企业在设计交互体验时,会投入大量精力思考用户场景、需求与心智,并不断优化吸引、维持与运用流量的方式。

显而易见,传统企业除了要借助数字技术优化原有的交互方式之外,还需要投入更多精力,去关注新兴的数字化渠道的客户体验。对传统业务流程而言,融入数字化交互的机会很丰富,从前期的营销获客,到建立会员系统进行忠诚度管理,从门店获取客户信息、提供定制化折扣到进行售后的客户服务,都有许多现成的平台、案例与方案可以快速应用。

虽然将"线上与线下相互打通",融合不同业务场景,发挥各自的互补优势,这是很多传统零售企业在数字化转型前期的基本思路。但企业寻找业务突破,借助数字技术提供创新的客户体验,也不能一味地照单全收,影响自身的业务运营以及品牌调性。

对传统企业而言,另一个认知挑战和员工体验有关。过去运营业务的方式主要是依赖人力。虽然由于"人"这一要素具有差异性与不稳定性,不可避免地需要大量时间与培训投入,但也正是由于个体的主观能动性,在面对突如其来、超出规则与流程的事件时,人才能及时且灵活恰当地应对。

在这种情况下,雇用有能力的人是一个性价比颇高的选择。也因此,传统企业不自觉地养成固化思维,运营过程中的那些流程、规则、系统无法覆盖到的部分,都可以靠招募员工去解决。

但伴随着人与机器在单一重复任务上的巨大"性能差异","用人凑"的方式将渐渐落伍。因此企业不仅要在面向客户的部分更多地引入数字化,也需要在企业内部引入数字化,从而进一步实现平台化与自动化,才能让机器承担更多任务,让人更多地往决策与沟通的事务上投入精力。这既能提升内部员工的体验,让员工从简单重复的工作中解脱,也能提升企业运营效率,满足因数字化转型带来的业务量与工作量提升。

传统企业建立数字化的业务、渠道、客户交互方式,其跨界跨业合作的门槛也降低了。在数字化转型之前,传统企业能跨界跨业合作的机会并不多,除了双方或多方之间在商品、服务和体验上有重叠关系之外,并没有太多共性,合作形式也极其有限。

而在数字化转型融入以后,传统企业可以借助互联网平台的能力与流量,来扩宽自己业务增长的方式。当然,不同的平台有不同的交互与体验,背后也可能会有完全不同的群体和场景，因此，在与平台等第三方协作的同时，如何保持自身独有的客户体验，也是企业需要思考的风险与机遇并存的问题。

交互与体验也需要运营服务能力的适当支持，与业务流程之间也会有一定的相互影响。同样也会间接地触发与业务全景的相互影响，尤其是与业务目标预期部分，有互为因果的关系。

五、平台与生态

G为平台与生态。企业一旦有了一定的运营服务能力，也有了数字化交互与体验的积累，就相当于有了属于自己的数字化产品。以数字化产品为基础，进一步搭建成平台，赋能他人并形成一个新的生态，就是一个必然而合理的发展趋势。

如果把功能比作点，数字化的能力就是线，平台由诸多数字化能力组成，即"面"。而生态，则是由相互关联的数字化能力所串联的一个"立体空间"。

平台用来实现相似性，从而推动数字化能力的复制、复用和赋能；而生态用来实现相关性，数字化生态可以更好地提供一致性体验，让客户在多场景切换时没有阻碍，同时，将相关场景集中在一起管理，在数据上相互串联和赋能，才能比客户更了解他们。

既有相关性又有相似性的事物，就是带有生态的平台，可以更灵活地在两个维度上相互加持增值。国内的阿里、腾讯等数字化平台巨头，不断开拓新的业务领域与场景，不断深入人们生活，背后就是这个逻辑——在鸡与蛋之间构建持续不断的正向反馈。

将自身能力共享给第三方，给各自的客户提供更好的体验、交互、服务与能力,是大家最容易理解的平台逻辑,比如微信、淘宝网等。平台的关键在于不限于服务对象的可复制性。

所以企业内部若因为某些业务、运营与管理需要,构建内部可复用的能力平台也是完全可以的,比如数据中台,可以将数据收集、汇总、分类和分析的能力同时给多个部门使用。像滴滴的业务中台,可以将完整的打车业务流程,以城市或其他地理区域为单位,复制后配置就可使用。

目前这类平台的搭建经验主要来自互联网企业,也衍生出了一些解决方案服务商。传统企业想要通过数字化能力搭建平台,虽然在实践过程中,业务、产品和技术上的挑战会比互联网企业或是解决方案服务商更大一些,但在模式上依然是完全可行的。

比如,如果一个企业自有的会员积分、支付系统等资产,在品牌光环下能建立一定的业务生态,那么完全可以和支付宝的花呗一样,给其他企业在支付场景下集成、使用和结算。又比如,如果一个企业的门店 POS 系统解决方案(point of sales,销售时点信息系统,通常可以简单理解为"收银机")足够强,能够打通线上线下,实现强大的库存管理、顾客预定、门店间移仓等操作,也可以衍生出偏技术的解决方案业务,去赋能其他企业。这在技术和能力上是有可行性的,当然,业务或许会有同业竞争的顾虑——但那是另一个话题了。

再比如,如果一个企业自身的数字化渠道足够多、流量足够丰富,渠道上有能力融合其他品牌的商品,那么不管是引流收费(类似于抽取广告费用)还是收取销售提成,这家企业就演变成类似电商平台的存在了。

另一方面,互联网平台的核心要点是引流和赋能,赋能的主体是平台使用方的业务,大多数情况下,业务只在其中一边,赋能是单向的。能看到两个互联网企业相互引流,但比较难见到业务上相互赋能的。

传统企业从一开始就自带业务,当传统企业形成自己的数字化平台后,可以和其他企业产生两个业务的融合。比如,传统企业有了业务中台或数据中台之后,是可以积极拓展 To B(面对公司客户)领域业务的,包括 B2B2I 和 B2B2C。这样可以让企业自身的产品、服务和能力向外辐射,与合作方相互赋能,在异业合作中找到流量互利的方式,进一步发展自身业务。

B2B2I 中的 I 是指 individual,即个人。举个例子,对那些有员工福利要求的企业而言,可以提供企业内购、福利积分兑换等服务,这是传统零售企业很容易展开的异业合作场景——在第三方企业的网站、App 中嵌入自己的数字商城,或是推出企业特定会员卡等第三方内部享有的购买渠道,甚至可以将自身业务带到对方的日常企业运营中,常见的有提供订餐、差旅等服务。

B2B2C 中的 C 是指 customer,也就是一般意义上的顾客。交通银行某 App 中嵌入第三方外卖业务和第三方鲜花业务就是一个 B2B2C 的实践案例。相互使用对方积累的流量和客源,在业务不冲突的情况下,通过异业合作在第三方的数字渠道中开展自身业务。从业务和技术可行性来说,某一家企业的鲜花业务能快速融入交通银行某 App,就可以同样复制给广发银行的某 App,招商银行的某 App……这些都是可以快速复制的。当然了其中会有相对复杂的业务、产品、技术、财务等方面的考量,后续对应的章节中,会详细讨论。

B2B2I 和 B2B2C 可以是同一个 B2B 数字平台。B2B 平台对于业务扩展和谈判能力很强的企业而言,是一个性价比非常高的拓展方向。一方面,迅速打开新渠道,流量见效快、成效大;另一方面,技术上的集成融合很便利,可以灵活地配合业务策略,不需要像传统业务扩展那样有漫长的项目周期,启动、调整、终止都可以在线上快速操作——面对多变的市场,灵活对营销而言万分重要。过程中还可以继续挖掘业务模式、场景、体验和能力，不断正向反馈和迭代。这部分运营思维和现在的互联网产品运营并无二致。

在业务全景、业务流程一路下来的轮回中，"生态与平台"可以是终点，但大多数事物都是螺旋式上升前进的，达成生态与平台的阶段性成果，也是后续新阶段的业务全景的基础、前提和验证，业务全景可以通过战略决策闭环相互影响，最终调整出下一阶段的业务全景，并重新投入新一轮的业务实施闭环，如此往复循环。

六、IT 思维与实施能力

H 为 IT 思维与实施能力，对业务全景、业务流程、运营服务能力、交互和体验以及生态和平台都有直接或间接影响，可以理解为是整个落地闭环的核心。所以在图中，我们把它放在核心的位置，并且与其他因素都有相互影响。

在详细展开技术思维和实施能力以前，先回顾一下传统 IT 的发展史、运维模式，以及和业务的关系，这些信息可以帮助更好地理解为什么"技术思维与实施能力"是数字化转型落地的核心。

1. 传统 IT 的思维理念需要转型

计算机是伴随着解决军事问题而诞生的，最开始的计算机操作员（编程人员），通常是实验室的科学家或研究员，随着计算机普及，应用软件日渐丰富，对计算机操作人员的需求增多，逐渐有了 IT 从业人员。

在早期，IT 从业人员并非以单独部门的形式存在于组织中，大多 IT 人员散落在各个部门，运维系统软硬件，以及割裂地解决业务的单点问题。

随着信息化的不断发展，企业对于计算的需求愈发强烈，项目逐渐增多,原来散落在业务部门的单点运营模式效率上的劣势越发显现。也因此,在信息化的推进过程中,大量独立的IT部门逐渐成立,以统一中心化方式来管理和运维企业的IT基础设施、开发应用软件,这成为时至今日的主流形态。

由上可以看出,IT从业人员的组织模式是由社会经济商业的发展阶段来决定的,随着数字化转型的推进,以及基于数字化的智能化商业未来,一种新的IT从业人员的组织和合作方式必然会出现,并且因为其数字化原生的适应度更高,将快速地成为行业的主流模式。关于未来IT的组织运维模式的详细内容,本书会在后续讲解数字化转型不同阶段的章节,详细叙述。

在简单了解了IT发展史后,回顾一下传统企业的IT运维模式。大型传统企业的IT项目主要分为硬件采购和系统集成开发两方面。在项目的交付方式上,无论是硬件采购还是系统集成,通常基于行业技术现状(往往是已成熟产品的采购和定制化)和公司需求进行解决方案搜寻、方案确定、实施监管和交付后的上线确认,以及上线后的运维管理。

传统企业的IT人员在项目规划和实施阶段,并不需要亲身参与,主要的项目成果交付基本上是通过管理外包项目或者人员的方式来进行的。大型传统企业IT人员的日常工作逐渐演变为:走审批流程申请IT预算、项目招投标管理、供应商管理、项目管理、流程管理等。

此时,传统零售企业内部的IT人员通常是项目经理这一身份,主要工作是沟通协调、项目追踪和成果汇报等,至于"IT思维与实施能力",这些相关技能反而变得不那么重要,甚至是可有可无了。这就导致很多传统企业的IT从业人员本身的IT并不精深,也由此衍生出IT项目经理这一职业称谓。传统企业的IT项目经理化是导致现在IT类咨询和项目实施行业如火如荼的原因之一，但传统企业自身缺乏IT能力，也在客观上让数字化转型的难度增加了。

2. IT需要主动拥抱业务

在过往多数情况下，传统企业把IT部门定义为业务的支持者，是一个成本中心。业务与管理部门由于缺乏IT背景知识，将它们狭义地定义为项目的实施方，导致IT团队只能在实施领域有限地支持业务发展和运营。

因此，IT部门常常更像是企业内部的"乙方"，而业务"甲方"只关心IT系统的阶段性结果，缺乏对技术的理解，自然无法展望数字化前景。

举个例子来解释上面的内容：在数字化转型融入企业之前，传统IT系统与业务的关联，集中于内部流程管控。典型的就是人事、财务、供应链、供应商等领域的管理与审批流程。IT系统模型常常是围绕业务模型进行适配的、是行业标准通用的，简而言之，是基于业务需要量身定制的。

面向内部的使用环境，IT场景可控可预计，过程中产生的新问题也容易在内部沟通，从而解决或容忍。非IT部门的业务人员不需要额外学习"IT思维"，只需要关心自己需要的IT功能有没有即可。

在传统企业中，IT部门因为与业务地位不对等，造成"影子IT"的现象——IT部门自己寻找技术供应商，来帮助业务部门解决一些小的、临时性问题。"影子IT"导致企业忽略了技术对业务未来发展可能性的影响，导致IT能力的扩展性、可维护性、集成性、可持续性甚至安全性都有所欠缺。这种现象在传统企业里广泛存在。

举个例子，业务部门想快速上线一个客户调查问卷，去调研客户对于新上市产品的喜爱程度，在和IT团队沟通后，IT团队反馈说构建问卷系统需要耗时两个月，会投入大量资源，并且需要业务部门提前细化具体需求后，才可以开始实施。业务部门得到回复后很愤怒，觉得IT团队非常无能，同时业务团队自己在互联网上找了一个免费的调研软件网站,通过简单配置完成了问卷调研。但这一第三方系统缺乏可扩展性,难以与内部用户信息系统相集成,数据不互通,更存在潜在用户数据泄漏的安全风险。

3. 未来企业都是科技公司

在传统企业的视角里,技术思维是IT部门自己的事情,和其他部门无关。这个认知需要在数字化转型初期就扭转过来。首先,从业务部门角度去看,技术团队不仅是支持者,他们本身就是企业数字化能力的构建方、管理方和所有方。在企业需要和承载的诸多数字化能力中,业务能力、业务流程以及数字技术都是其中的一部分,无有高低、缺一不可。也因此,各个部门都需要有一定的技术思维:一方面能更好地理解各种数据模型;另一方面则让各个部门相互理解、便于沟通,从而形成合力。

当然,技术部门也需要增强自身的技术思维和行业思考,才能在数字技术领域引领业务和产品,实现技术驱动与数据驱动的业务扩张,从而更高效地完成数字化转型中每个阶段的愿景,打造核心竞争力。

随着企业数字化转型逐渐深入,技术能力对于企业的重要程度也水涨船高。随着人工智能发展,企业必将经由数字化达到智能化。技术也会由最开始的仅是"支持"业务活动,发展为"助力"业务发展、"拉动"业务创新,最终技术与业务完全融合交汇,达到不分彼此的阶段。

正如某传统比萨连锁零售品牌CEO说的:"我们本质上是一家科技公司,只是恰好做比萨生意而已。"这个说法短期内看可能有点夸张,但是充分地表现了技术思维不只是IT部门的事情,而是企业运行管理的要素之一。

大家可能注意到,在传统企业数字化转型的模型中,会优先强调技术思维而不是技术本身。一方面,数字化转型的根本转型是思维和理念的转型;

另一方面，传统企业毕竟不是互联网和科技公司，在初期并不需要将技术作为直接的业务核心。传统企业可以在转型中后期，再慢慢转型为一家带有传统业务属性的科技公司。

为了把技术思维早日融入公司的各个组织部门，从而加速推动企业整体的数字化转型进程，企业的各个部门需要充分地认清和克服惯性心理。简单来说，可以先把公司分为 IT 部分和业务部分。

对 IT 部门而言，由于大多数传统企业的 IT 项目偏向于"甲乙方"合作模式，企业自身的 IT 成员（项目经理），技术思维容易停留在老旧时代，需要系统学习、培训、刷新对数字化的认知能力，了解行业中前沿的数字化实践。

对业务部门来说，需要摆脱传统的"部门墙"束缚，深入地理解数字技术的本质，学会"技术的思维方式"。

4. 技术战略奠定数字化能力基础

既然技术和技术思维对于企业数字化转型起到了决定性作用，那么，如何确保公司的技术路线走在对的方向呢？

如果方向走错了，越是努力，带来的危害性就越大，比如浪费大量的公司资金后，却因为技术方向错误积重难返，导致公司全盘转型失败。解决这个问题的关键在于制定技术战略。

只有把技术战略放在和企业战略相同的重要程度来对待，才可能制定出能推动企业数字化转型的有效指引。除了技术战略的指引以外，还需要转变技术伙伴的合作模式，加上产品化思维的助力，才能让 H 阶段真正成为整个落地闭环的核心，对业务全景、业务流程、运营服务能力、交互和体验以及生态和平台产生良性影响。

有许多值得思考的技术话题，比如，企业是否需要拥抱云计算与服务？借助云上的丰富资源，对既有系统架构、技术实现、技术管理都有哪些方面与程度的影响？云计算如何帮助业务实现全渠道体验、门店运营的降本增效？

又比如，企业是否需要考虑应用物联网？如果是，物联网对于数据中心、门店设备和基础设施等部分有什么前提要求？物联网如何帮助门店运营实现自动化和智能化，帮助顾客获得更好的到店体验？物联网如何获取更多维度的数据，从而进一步提升企业的数据驱动力？

这些话题，都是有深度的技术战略所要考虑的切实问题，也是企业通过数字化转型的时代契机，在中长期提升市场竞争力和品牌力的基础。

以上思考，都是如何对企业进行数字化转型的重要因素。

第三节　领域能力阶段期

传统企业数字化转型，是一个伴随数字化思维扩展、数字能力增强、企业业务成长的综合过程。其外在表现与其内在能力程度有着同步变化的阶段性。

所处阶段不同，企业自身的业态、品牌、战略与优势不同，并由此带来差异化的业务心智、产品规划，以及完全不同的IT工作模型。由于"IT思维与实施能力"是整个数字化转型实施闭环的核心，因此围绕着IT与实施阶段性的划分，就会与产品体验、平台的使用策略、IT团队自主性等有很强的关联关系。

从另一个角度来看，互联网企业的兴起时间远早于传统企业数字化转型的时间，当传统企业开始认真思考要不要进行、如何进行数字化转型的时候，互联网公司的平台规模与能力已经相当壮大，并在很多领域可以直接或间接地赋能传统企业。

传统企业需要流量，而互联网企业的流量需要化为收益，互联网企业的平台化赋能在当前已司空见惯，不可避免的考量是，传统企业在数字化的转型过程中，要和各类互联网平台产生各式各样、深浅不一的联结关系。

企业自身各方面能力与状态的现实情况，是决定企业处在哪个转型阶段的客观因素，同时也是间接影响企业转型意愿和主观动力的因素，而反过来，企业主观的意愿与决心，又影响了企业未来能有什么样的能力、达到什么样的发展阶段。

麦肯锡将数字化转型的定义分为三个层次：

- 第一层次：现有产业的优化（产业链——提升运营效率）。
- 第二层次：客户体验的提升（价值链——重构用户体验）。
- 第三层次：商业体制的变革（价值网——布局平台生态）。

不难发现，如何有效地实现数字化业务，将是传统企业区分数字化转型阶段的重要指标。对应到传统企业数字化转型模型中的"实施落地闭环"，我们将数字化能力可自主实现的程度，作为主要的衡量标准，将企业数字化转型的领域能力分为三个阶段期。

一、"拿来主义"阶段

首先需要澄清，这里说的"拿来主义"只是对行为模式的一种形象总结，不带有褒义或者贬义的情绪色彩。"拿来主义"高度概括了传统零售企业数字化转型的第一阶段，对应双闭环模型中实施落地闭环中的业务全景、业务流程以及 IT 思维与实施能力。处在这个阶段的传统企业，一般是中小规模的本土传统企业，从业务流程到交互体验，再到 IT 解决方案，自主能力都很弱小，很大程度上依赖第三方平台与解决方案提供商。

如果企业所处的行业准入门槛并不高，产品和服务易于复制，品牌溢价相对较低，就形成一个相对稳定的互为因果关系。许多企业都挣扎在这个互为因果之下，靠价格、营销力度、人海战术等传统方式维持企业运营，与同行同业同质化竞争。

传统零售企业容易处在这个阶段——即使品牌有特别的原料与工艺，所销售的商品还是有很多同类竞品。如果无法在品牌、营销、服务、体验等方面突出自身的特点，获得目标顾客群体的青睐，便容易长期困陷于"拿来主义"阶段，并跟从零售行业常规的自然周期，完成从诞生到消亡的旅程。

在企业有意愿跃入下一个阶段期的时候，最大、最根本的挑战是如何让IT拥有一定程度的自主解决方案能力，从而更好地帮助企业实现差异化品牌成长，摆脱第一阶段的因果循环。要突破这一难题，需要天时地利人和。天时是指企业愿意在很长一段时间内放权和给资源；地利是指业务部门也有了数字化想法，愿意更紧密地与IT部门通力合作；人和是指IT部门需要有足够的人员、能力准备来应对业务平台化、自动化和智能化。

天时是相对容易的，许多企业是发自内心地想实现阶段跃升的。看着那些已经在第二阶段的企业"飞黄腾达"，哪怕是小企业，只要决策层有决心，企业在财力上还能给予支持，还是容易尝试的。

地利就相对难一些，处在这一阶段期的传统企业，业务与IT多数还是遵照传统的合作模式，业务部门相比IT部门更为强势，业务部门能否理解IT，并在一定程度上配合IT部门工作，需要一段时间磨合，甚至需要有自上而下的行政压力。

另一方面，基于业务视角，往往会停留在一些表象的细节功能上，反而忽视了数字技术架构演进，缺乏在平台能力层面的系统规划。因领域差异造成的技术思维缺失，也是造成挑战的客观因素。

如果说"地利"的困难更多是主观因素,即愿不愿意给予机会与信任,那么在"人和"这个因素上,则更多是客观的、全方位的能力挑战。

"人和"是三者里最关键的,这也呼应了模型中 IT 思维与实施能力的核心位置。传统 IT 需要跳出单纯实施运维的范畴,带着"产品"和"平台"的心智重新审视企业组织架构、工作模型与能力范围。并且需要更主动地和业务站在一起,设定 IT 建设的宏观目标,规划微观的执行进度表。

传统 IT 管理中单纯的项目管理的比重会被弱化,平台管理成为主要内容,整体解决方案的规划、演进与迭代就成了核心。这也是为什么之前提到,传统企业数字化转型过程中,架构师这一角色显得格外重要。同时,企业也可视自身情况,以项目方式与咨询服务商合作,让更有经验的第三方提供架构师和方案咨询来赋能企业 IT 与业务,并在时间、成本和收益上获得灵活调整。

二、创新自主阶段

第二阶段的最大特点是传统零售企业具有创新自主的能力,对应模型中实施落地闭环中的业务全景、业务流程、运营与服务、交互与体验以及 IT 思维与实施能力。处在这个阶段的企业大多数是那些实力相对雄厚的知名企业。它们在企业侧积累了丰富的运营管理经验,在客户侧也有一定的信息化和数字化业务的基础,拥有一定规模的 IT 团队,甚至有小规模的 IT 开发团队。

处在这一阶段期的企业虽然不像前一阶段那样面临"从 0 到 1"的困境,但作为传统企业,还是会长期地面临预算不够、业务部门平台思维与能力不足,以及 IT 部门实施效率与平台化建设不足等问题。

与在第一阶段不同,得益于企业多领域的自有能力,企业可以突破第三方平台的限制，构造出符合自身品牌定位的数字化业务，并和传统渠道协作、互补，把传统线下业务与数字化线上业务融合在一起，创造带有品牌文化的混合体验。

产品部门在这个阶段开始占据核心位置，并分别对业务与IT进行双向赋能。在这个过程中，全渠道与统一体验会陆续清晰与完整，并给业务、产品与IT带来更多更广的业务可能性。此时的关键任务是，如何在不同平台、不同场景与不同能力之间取得效益最大化的平衡。

作为串联自有（第一方）与第三方、业务与场景、体验与能力之间的核心资产——数据，产品与IT部门需要谨慎且充分地探讨未来的发展方向，以确保相互之间的协作程度，才能发挥数据的业务价值，创造有竞争力的数据壁垒，营造"比用户更了解用户自己"的体验环境。

需要特别说明的是，第一阶段并不是第二阶段的绝对前置。各方面认知和能力都已经具有基础的企业，可以直接进入第二阶段。该阶段的数字化成果已经颇具雏形，具有相当的品牌竞争力与技术门槛，行业地位已相对稳固。部分企业在此阶段会得出结论——数字化战略止步于此，也具有一定合理性。

同时，稳固程度取决于与第一阶段的优势距离，以及第一阶段中竞争对手的数量。这是一个动态和相对的平衡，如果到了某一时刻，大多数同行都处在第二阶段，那么市场竞争便会加剧，因此这一阶段的企业依然需要不断提升数字化能力，强化优势地位。

三、超越互联网阶段

第三阶段是传统企业充分吸取和学习互联网企业的各种能力和优势，并将那些优势融入自身传统业务形成全渠道体验，实现自动化和智能化的阶段，我们可以总结为超越互联网阶段。

就目前为止，我们还没有看到任何传统零售企业真正完整地步入这个阶段。有个别传统零售企业在战略、目标、规划和实践中，已经开始触及了这个阶段期的一部分，但还在奋斗过程中，市场上还没有产生标志性成果。

对应数字化转型的阶段模型，此阶段对应模型中实施落地闭环中的整个部分，包括业务全景、业务流程、运营与服务、交互与体验，生态与平台以及 IT 思维与实施能力。因此该阶段的特点与之前描述的生态与平台的部分一致。

传统企业与互联网企业在最近这些年一直都在努力学习对方，除了争夺对方原有领域，双方也在竞争开拓 B2B 市场。互联网企业的优势在于用户数据规模庞大，以及长久以来积累的跨行业产品经验，可以顺利地进入传统企业无法轻易触达的行业里，并维持敏捷的前端运营能力。

而传统企业的优势在于企业侧强大深厚的生产端实力、长久的后端运营能力，以及不可代替的品牌力。两者的目标都是在保留自身原有优势的情况下，去获得对方的优势和能力。因此，互联网企业并不是传统企业数字化转型的目标。

结合互联网思维与能力，围绕传统企业自身打造更全面的数字化能力，从而服务业务模式与用户体验，才是数字化转型的目标。

能到第三阶段的传统企业，在充分学习了互联网运营能力、具有了创新自研能力后，已经具有了一定的互联网属性。因此，这些传统企业就可以胜任原先只有互联网企业才擅长的事，比如流量的聚集与分发、更灵活敏捷的异业合作、生态与平台的建设、对外赋能解决方案，等等。

四、阶段期的裁剪与迭代

图 2.2 为完整的双闭环模型，包含 2 个闭环、3 个阶段期、各个要素以及它们之间的关系。

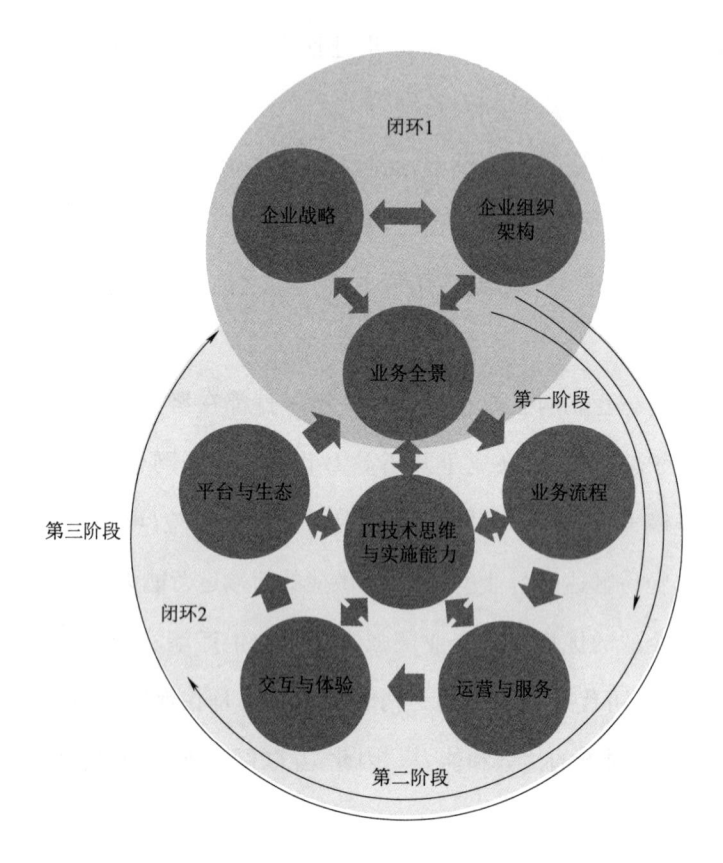

图 2.2　完整的双闭环模型

对阶段期的归纳是为了凸显企业在不同阶段期需要重点面对的要素和关系，同时也表现了不同阶段期之间，企业数字化能力范围的差异。一般情况下，企业所具备的数字化能力阶段，是单向提升的，而实施闭环中的要素流转，是可以在反复中不断优化的。总结而言，区分阶段期是一种宏观视野，而实施闭环是可以基于一个阶段期内一轮轮的需求、迭代、实施来流转的。

第二章 传统企业数字化转型的模型

为了更好表达阶段期与要素之间的关系,我们先将图2.2所示的部分内容,转换成图2.3所示的形式,用表达时间的横坐标来帮助理解先后顺序。在图2.3中,假设一个非常理想化的情况,即一个企业在按要素逐个构建数字化能力的过程中,构建结果是足够完美的,因此企业可以按部就班逐渐从第一阶段快速演进到第三阶段。

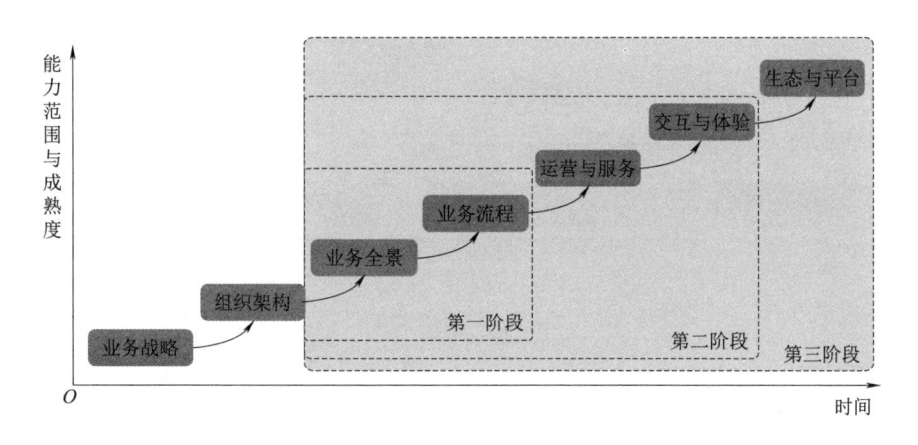

图2.3 企业逐个建设后,体现的阶段演进

但在实际情况中,更容易发生图2.4所示的反复情况。当企业在构建数字化业务流程以后,会很容易发现之前设计的业务全景是有瑕疵、缺陷,甚至是大范围的遗漏。因此,企业需要重新优化业务全景,并基于业务全景调整和优化对应的业务流程。企业可以自行评估结果,选择先进行运营与服务部分的能力建设,也可以再一次选择优化业务全景和业务流程。事实上,从企业的角度去看,转型过程中的回顾是应当作为流程的一部分,定期或者不定期地进行的。对相关要素的反复优化和调整,也应当是灵活和不受限制的。

当企业在尝试突破原本的模型阶段(比如,在第一阶段期的经验和能力下,想要尝试运营与服务部分)或者其他任何感到有挑战和障碍的时候,都可以回到业务全景,进行修改和调整。当企业恰当地调整全景,甚至进一步调整战略之后,企业可以确定是否有能力、有必要进入第二阶段期,更主动和自由地发展体验、流程、交互以及对应的运营能力。

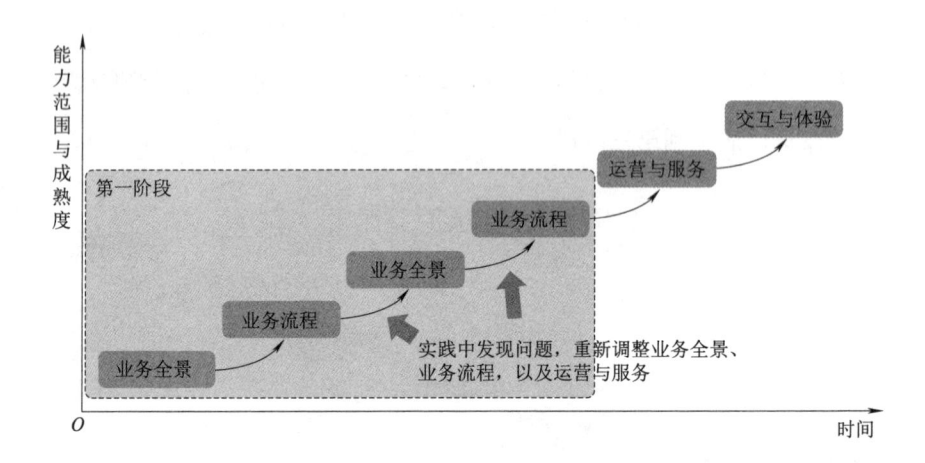

图 2.4 阶段反复

企业在阶段演进的决策上需要慎重。企业如果在上一个阶段能力的限制与不足的情况下,盲目演进后续的阶段,会有很大概率不得不面对一些结构性的改变,从而给转型速度与质量带来挑战。

另一个需要慎重的部分是组织架构调整的部分。理论上说,企业组织架构作为一个要素,是可以按需进行反复和灵活地调整的,但数字化转型和所有改革,所面临的重要阻力之一就是打破了既有组织下的利益划分与协同模型,频繁、剧烈的组织架构调整将会需要更多的时间来磨合,也会影响企业的信心和决心。

企业在阶段上的演进,本质上是图 2.5 所示的螺旋式发展过程。企业可以自由、灵活地进行编排,也可以像开放组体系结构框架(the open group architecture framework,TOGAF)中广泛、通用的概念模型一样,可以按需进行裁剪,从而可以更好地适配企业自身的特殊情况,以及数字化转型过程中所遇到的特殊个案。

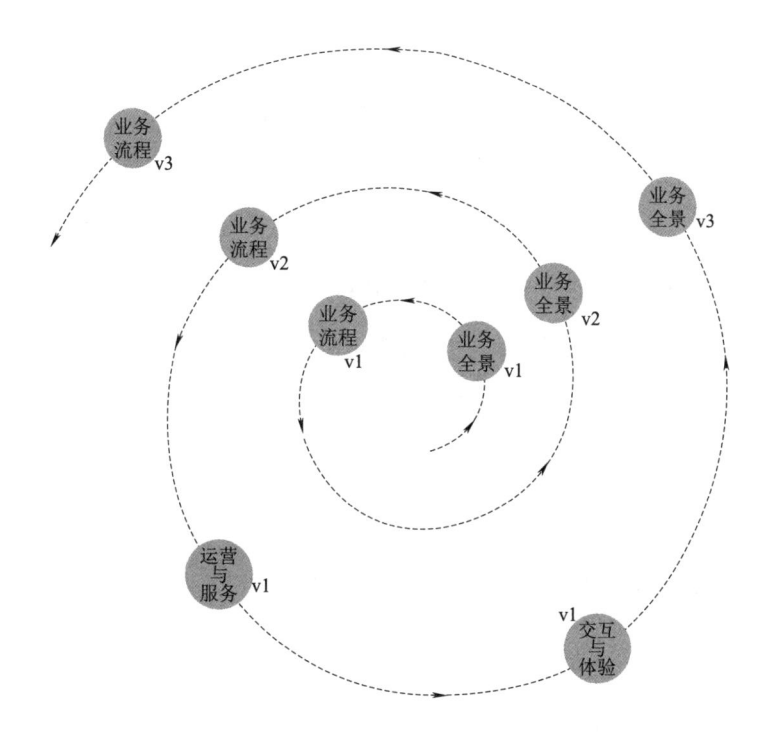

图 2.5 企业螺旋式的演进、发展过程

裁剪可以体现在多个维度具体如下：

● 可以在模型内容的广度覆盖上裁剪，比如，在运营与服务中可以只保留服务部分，放弃运营部分，在平台与生态中只选择平台或只选择生态，等等。

● 可以在模型内容的相互关系上裁剪，比如，可以先有交互与体验，再产生运营与服务。

希望所有进行数字化转型的企业都可以形成适合自身的框架模型，对过程中可能的系统性挑战以及背后的逻辑有足够的认知和预判，从而可以从容不迫地进行业务创新与能力建设。

第四节　数字化 IT 项目的挑战与应对

数字化转型中的核心是建设数字化能力、积累数字资产，这两者都离不开 IT 项目的不断实施更迭。但有别于传统 IT 项目，数字化 IT 项目不管是特征还是方法都有明显差别。如果继续完全沿用传统 IT 项目的实践思路，数字化建设会因此大打折扣，事倍功半。

传统企业想要在保留传统 IT 项目优势的情况下，适当引入互联网企业的产品开发方法，从而提升数字化 IT 项目（数字化转型中的 IT 项目）的开发与迭代，需要科学地找到新旧之间的平衡点。

一、项目特点

传统的 IT 项目，如 POS 的解决方案、ERP 的解决方案、网络的搭建部署、内容管理系统等，这些项目对不同的传统企业而言，在大多数情况下的需求很大程度是相似的，即使在跨行业的情况下也是如此，对应解决方案自然大同小异。可以这么说，传统 IT 的项目已经在很长一段时间、很广范围的应用下有了成熟的最佳实践，供求双方都知道大体是什么、要什么、多少钱和时间多久。而数字化 IT 项目由于面向的不是企业内部，而是面对多变的客户本身，所以在各个方面则开放、动态、复杂得多。

1. 多样的开发交付模式

与传统 IT 项目普遍成熟的解决方案不同，数字化 IT 项目的交付方式非常多元。可以是和传统 IT 项目一样直接采购第三方现成的解决方案，可以是基于采购系统做二次开发，也可以要求解决方案提供商帮着做某些功能的定制化修改，还可以组建开发团队基于开源项目组合拼装，抑或让开发团队从零开始搭建一套系统。

由于具有开发能力，协作模式自然也可以更为灵活。除了在传统IT项目中常见的完全依赖第三方供应商团队，以及少见的完全自建IT团队，还可以选择与供应商团队混搭，甚至与多个供应商混搭的模式。

同时，测试部分也会随着开发部分一起，融入整体开发交付周期中。这也是为什么数字化IT项目一般会包含完整的软件开发流程。

2. 灵活的需求变更

传统IT项目需求变更大多是小范围协作。企业通过内部调研，清楚地知道需求是什么，并可以直接明确和决定只要什么，然后找内部资源或外部资源进行开发、实施、部署。这个明确的需求可以细化到业务流程、视觉效果、交互条件、权限等。

而数字化IT项目，本质上搭建的是一个面向顾客的数字化产品。与传统IT项目中实现功能不同，在数字化IT项目中，功能会被更细化地拆分成场景、能力与交互体验。这既是为了对应互联网产品概念，也是为了应对频发的需求变更，让实施团队优先关注能力建设，"授人以鱼不如授人以渔"，从而避免过度试错与浪费。

此外，另一个很重要的原因是，与传统IT项目不同，在数字化IT项目中，由于复杂的场景交互，需求方也无法准确给出明确详细的需求清单。而场景与能力的组合，给了需求一个相对准确的描述区间，即明确哪些是确定、不容易改变的，哪些是不确定、容易变化的，从而给双方一个相互讨论、互助、赋能、共创的良好环境。同时，也帮助双方更好地控制资源投入和试错成本。

3. 复杂的使用规模

传统IT项目大多应用在企业内部，对外场景极其有限。而数字化IT项目由于承载着数字化业务，会随外部情况而动态变化，无论是总量还是峰值,都很难准确预测。因此,数字化解决方案,势必要具有应对动态因素的能力,比如自动弹性伸缩、自动限流等,并在这一系列过程中保证潜在高负荷、高并发下的高可用,以及大量不同来源数据的一致性。

数字化IT项目不仅需要面对更大更复杂的请求量,还要保证比传统IT项目响应速度更快。毕竟,数字化IT项目面对的是客户,他们的耐心远不如你的同事。

在传统IT项目中,企业员工可以容忍一个报表需要加载一分钟,但对顾客而言,如果他打开一个月账单的页面等待,5秒后还是空白,就会抱着恼怒心情退出了。

请求量的复杂性还体现在各参与者的相互影响上。

比如,你做了一个订单系统,你细心地计算过已知和潜在的访问量,并设定好了系统承载能力。结果,虽然直接访问系统内容的请求的确在你估算范围内,但有另一个部门做了一个营销功能,高频次地调用该系统获取数据,成为导致系统崩溃的决定原因。又或者是,业务运营部门上架了一款秒杀商品,并且大力宣扬,却没有通知IT部门提前准备,导致系统崩溃。

当容错率、高可用等能力要求接踵而至,外加日趋复杂的市场环境,企业对数字技术的要求也越来越高,对应地需要增加测试难度和频率,以及应对变化的项目管理能力。

复杂的系统问题,只能系统地解决。

4. 更敏捷的项目管理

在面对数字化IT项目这类有着系统性复杂度的项目时,需要面对一个现实,那就是变化来得太快。大部分数字化IT项目无法像传统IT项目那样,在一开始就将大部分细节计划好。由于业务发展节奏不可控、业务视角与技术视角有天然落差、客户心思瞬息万变,我们能做的,只能是像当年某物流品牌广告词说的那样"让变化成为计划的一部分"。

传统IT领域流行的"瀑布管理模型"在近年改良以后,大幅提高了参与者的沟通频率,使得不确定性和风险可以尽早被标识并处理。但由于瀑布管理模型过于计较项目范围与交付时间,这对于常态化带着不确定性一起进行的数字化IT项目而言,终究是一个痛苦的过程。也因此,数字化IT项目通常使用"敏捷管理模型"。

当然,传统企业与互联网企业还是有差别的,因此也不能完全照搬照、抄敏捷管理的实践经验,需要结合两者优势做平衡。同时,敏捷管理的使用也需要人才和技术支持,这几个要素之间可以相互影响,是一个整体系统性的提升过程。

5. 更可持续的演进发展

在传统IT项目中,需求方关注的是特定领域下的特定功能或流程。对于一些复杂项目,比如需要有第三方协助的大型项目,往往会拆成多个部分,分多个阶段实施。

但在这样的方式方法下,无论拆分得多合理,也只是应对了那些可预见的部分。再高明的管理者也无法拆分一个尚未被看见的工作。也因此,这种方法只适合有明确的总体目标、花多少钱、实现哪些功能需求的项目,并且要在项目开始前和过程中,都能确保每个节点是清晰可控的。

而数字化IT项目,除了与传统IT项目相似的偏向于信息化建设的项目外,还有偏向于产品的业务数字化建设项目。业务创新有无限可能,能力、目标与时间都可以不设限,持续迭代提升。

在这个过程中,技术能力与业务能力各自进行数字化,又相互绑定,共同前进。技术的发展以业务方向为重点,而技术能力限制了业务发展的上限。要构建这样可持续的数字化能力演进过程,需要双方都能具备一定的对方领域知识，这是这个正向的良性循环能够可持续运转起来的最大挑战。许多传统企业开始意识到这个问题，因此，在未来很长一段时间内，那些既能理解业务又有技术能力的机构或个人，将受企业的追捧。

6. 更广的支持范围

一般而言，传统 IT 项目是以开发实施为范围，以明确需求和项目立项开始，在交付上线以后，以知识上的支持和系统上的支持为收尾。

由于数字化 IT 项目很多时候需求不明确，需要共同探索，因此在实施之前，常需要业务、数字化能力和解决方案上的咨询服务。这个咨询可以是业务咨询、数字化能力咨询等独立咨询项目，也可以是解决方案方面的轻咨询。

而在系统部署上线之后，除了常规的知识支持和系统运维支持之外，数字化 IT 项目也常会有持续的运营支持，以及应用可用性支持。企业建设或采购数字化 IT 项目最终是为了获得对应的数字化能力，应对特定的数字化场景，发展数字化业务。获得系统、解决方案和平台本身不是目的。

因此，数字化 IT 项目的实施方，不论是企业内部还是外部，都长期需要各类具有运营能力的人员，来实现企业的数字化业务能力。

比如，一个传统企业采购了数据平台，如果企业内部并没有数据服务/数据治理的相关技术人员，只靠不懂技术的业务和产品部门，是很难让数据平台可持续地赋能企业的，既无法长期提供灵活多变的报表，也无法持续提供类似人群包、智能推荐这类数字化能力，更不用说后续的数据自动化与智能化能力了。

数字化的 IT 系统更容易形成更广泛和更深入的关联，因此出于自身或者他人的需要，都会以一个偏产品化的长周期管理来应对。所以，数字化 IT 项目是业务方与技术方长期相伴、共同成长过程中的一个片段。双方都需要培训额外的能力和技巧，才能与对方更好地长期相处，相互学习，形成更深入的广泛支持。

二、实践方法论

企业过往的通常做法是，在业务层面有战略咨询，基于战略咨询的结果，调整为适合企业发展落地的业务需求，然后创建 IT 项目开始实施落地。由于数字化 IT 项目有别于传统 IT 项目的各类特点，战略咨询结果以及企业自己设定的业务全景，与能直接开展实施落地的项目之间，还有着很大的间隙。

况且实施落地时又是一个需要结合业务发展与各种因素，不断综合迭代的过程，因此，在传统的业务战略咨询和 IT 项目实施之间，需要增加一个过渡阶段——在整个实施过程中强化和保持数字化能力的架构，从而保证业务战略与 IT 实施之间的长期关联。

通过改良和优化传统 IT 项目的方法论来满足数字化 IT 项目的广泛需要，我们可以得到图 2.6 所示的实践方法流程图。这个方法流程是一个相对大而全的流程，适用于绝大多数数字化 IT 项目，其中的流程节点，以及节点中的具体内容可以根据实际情况做裁剪。

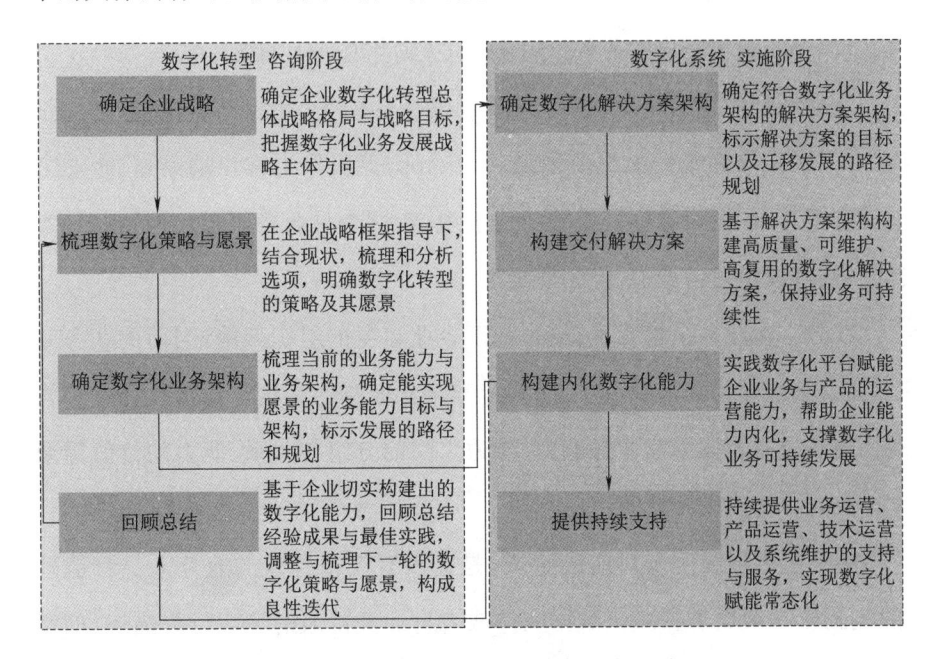

数字化转型 咨询阶段		数字化系统 实施阶段	
确定企业战略	确定企业数字化转型总体战略格局与战略目标，把握数字化业务发展战略主体方向	确定数字化解决方案架构	确定符合数字化业务架构的解决方案架构，标示解决方案的目标以及迁移发展的路径规划
梳理数字化策略与愿景	在企业战略框架指导下，结合现状，梳理和分析选项，明确数字化转型的策略及其愿景	构建交付解决方案	基于解决方案架构构建高质量、可维护、高复用的数字化解决方案，保持业务可持续性
确定数字化业务架构	梳理当前的业务能力与业务架构，确定能实现愿景的业务能力目标与架构，标示发展的路径和规划	构建内化数字化能力	实践数字化平台赋能企业业务与产品的运营能力，帮助企业能力内化，支撑数字化业务可持续发展
回顾总结	基于企业切实构建出的数字化能力，回顾总结经验成果与最佳实践，调整与梳理下一轮的数字化策略与愿景，构成良性迭代	提供持续支持	持续提供业务运营、产品运营、技术运营以及系统维护的支持与服务，实现数字化赋能常态化

图 2.6 数字化 IT 项目实践方法流程图

1. 咨询阶段

数字化转型过程中可以有很多种的咨询,如战略咨询、业务咨询、解决方案咨询、IT 管理咨询等。许多大的传统品牌,特别是跨国零售企业,通常会在数字化转型开始之前先做一个战略咨询,指引企业设定自身数字化转型战略。在那个阶段,数字化战略没有被明确,更不会有更细致的项目和实践,因此,战略咨询并没有被包含在图 2.6 的流程中。

不管是找第三方做咨询还是企业自己思考总结,数字化战略部分的产出,都应该包含战略目标以及相应的业务全景。战略和愿景在一定程度上需要被明确,特别是明确战略与愿景之间是否有逻辑矛盾之处。因此,需要先确定企业数字化战略,再来梳理和优化数字化策略与数字化业务全景。当然,企业数字化战略与数字化业务之间的确定未必是单向的,也可能反复来回地推敲和确认。数字化策略与数字化业务全景一般会包括:企业需要创建哪些数字化渠道,对应哪些数字化场景,场景或渠道相互之间的关系是什么,以及场景与渠道的业务价值重要度(或者说是优先级)。

需要特别注意的是,数字化渠道可以是各种类型的,比如,企业之前没有 App,在策略和愿景中想要增加一个 App,可以作为客户端渠道;企业之前没有电商,在策略和愿景中想要增加电商,这个是业务渠道。与这些相类比的,还可以是营销渠道、经销商渠道等。

在数字化业务全景明确以后,基于企业自身的组织架构,当前的业务基础、运营基础和技术基础,就可以确定数字化业务的架构。数字化业务架构需要明确企业需要哪些业务能力、能力之间的分组与关系、能力的价值重要度以及能力的建设计划等。

业务能力颗粒度与对应的定义,是让没有技术背景的业务人员都能理解的描述,一般会选择基于数据实体或者有业务价值的事实行为描述,如销售订单管理能力、支付宝付款能力、门店管理能力、卡券核销能力。这些业务能力都是基于场景与业务的基础能力，日后可以在不同场景、渠道、领域中快速组合使用。

数字化业务架构的确定，为实施阶段的解决方案架构奠定了基础。至此，咨询的前半部分就可以顺利转移到实施的阶段。在实施阶段基本结束时，需要进行回顾总结。这就像敏捷开发管理中的"回顾"环节一样，需要看看当初设定的业务全景、业务能力架构以及对应计划，是否都如一开始期望的那般实现？其间有哪些不一致的地方？这些不一致会对后续的规划和计划有什么样的影响？需要做什么样的调整？背后的原因是什么？是否会继续影响后续计划展开？

这个回顾还可以从业务价值的角度，看看完成的业务能力是否真的带来预期价值，是否满足企业的数字化战略。做好多维度回顾，可以在不断纠偏中迭代和内化企业数字化能力。

2. 实施阶段

在数字化业务架构的指导下，实施阶段的首要任务是确定整个数字化项目的解决方案架构。

解决方案架构本质上是由一系列的架构图与描述组成：概念架构图、逻辑架构图、技术架构图、数据架构图，以及网络部署架构图。解决方案架构体现了整个数字化IT项目的系统范围、周围集成点、相互关系、每个部分具备和对应的业务能力，以及对应了哪些部署支持。

有了这一系列的架构描述之后，先别急着进入实施环节。有时候，在解决方案架构与实施交付之间，会有概念验证的环节。这个概念验证，可能是业务上的，也可能是技术上的。

业务上的概念验证是指，业务需求方视整体方案是否能达到业务预期，如果信心不足，或者饱受质疑，那么就可以通过一个非常简化的实现方式，来模拟整个流程的流转，从而观测业务的可行性。

比如，营销部门设计规划一些数字化能力的想法来赋能门店，结果门店的运营部门对于收益的预期与营销部门大相径庭，坚决抵制。这时就可以通过一个非常简化的、不需要考虑性能、架构和设计的系统，来帮助验证双方的想法。

技术上的概念验证是指，IT实施方对于某些技术使用是否能达到可持续的数字化能力预期，如果信心不足，那么同样可以通过一些简单的技术上的测试来做基本验证。不管是业务还是技术上的概念验证，如果验证出与之前规划相悖的结论，那么对应的规划设计就需要回过头去重新讨论和调整，甚至会中止整个项目。

如果不需要概念验证或者概念验证符合预期，那么就可以真正进入交付实施环节。整个环节整体上都还是大家熟悉的软件开发生命周期，只是在管理的模型上，更趋向于使用敏捷管理模型来适应日新月异的变化。

与常规IT项目不同，数字化IT项目在软件系统层面上交付部署完之后，应有数字化能力内化阶段。常规IT项目面对相对固化的信息化场景，如流程审批、设备管理、财务管理等。项目带给企业的是相对固化的流程，企业可以直接使用。

而数字化IT项目由于面向客户，就会有相对强的运营或是分析属性。数字化IT项目带给企业的是工具和业务能力，企业需要自己运营和组织配置，才能实现具体的应用流程，比如手机客户端上广告位的运营、开屏内容的设定、数据分析报表的逻辑修改，等等。这些含有运营或是数据分析的数字化IT项目在交付以后，长时间需要对应的运营者，但在这个过程中，有些知识和技能是超出运营者原本所在领域的。因此，不管是培训赋能使用者，还是通过和企业其他部门的人对接传递知识和技能，甚至是寻求第三方（解决方案提供商、管理咨询公司、代运营机构）长期协助，本质上都是为了实现交付后能够提供持续的支持与服务。否则很快会出现因为不会用而导致数字化能力削弱或消失的情况,从而影响数字化能力真正赋能企业业务。

在能力内化之后,除了常规的技术支持、系统支持这类支持之外,就需要回顾并总结整体过程,为下一轮的迭代做好准备。

三、可持续迭代演进的奥秘

从单个IT系统角度去看,数字化IT项目的挑战,是从开发管理和交付实施的角度去做更好的应对。实践方法论也可以让不同背景的团队一起共创,从而满足数字化转型中IT项目所需的跨界、多元的合作需要。

然而,数字化转型需要基于数字化能力,这是一个长期进行业务模式创新和顾客体验升级的过程,需要结合业务、技术、实践方法论,从企业自身的战略出发,科学理性地应对业务变化和IT上长期积累的技术债。所以,传统企业需要一个能独立客观评估数字化转型的角色——企业架构团队。

如图2.7所示,企业架构在数字化转型过程中,通过全流程、全生命周期地陪伴业务和IT技术,分别从数字化业务能力和数字化技术能力两个方面,来提升他们各自对于数字化转型的认知、方法、流程和原则,最终确保这两者以及数字化IT项目交付实现的长期健康发展。

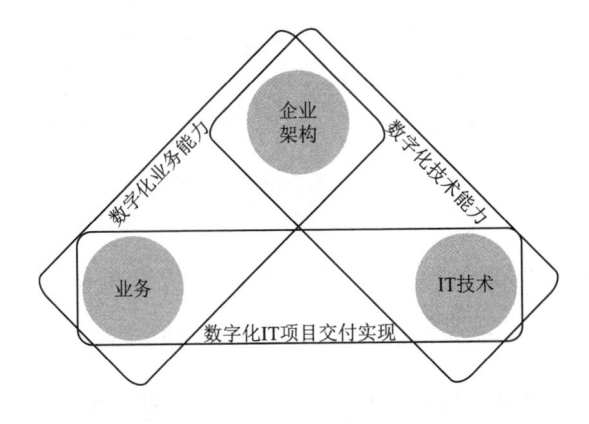

图2.7 数字化转型职能三角

企业架构是一个总的概念,在开放组体系结构框架的定义中,企业架构可以拆分为五大部分:业务架构、解决方案架构、技术架构、数据架构和安全架构。这些部分相互关联和作用,涵盖从业务创新到开发实现,再到运营和运维整个过程。如图2.8所示,通过对企业数字化业务能力、技术能力和运营能力三方面的评估、架构、规划和治理,系统性地提升和保障传统企业应对数字化转型的基线。企业架构就像是一个传统企业中对数字化转型整体把握和打分的评审,定义企业在不同阶段和不同领域应该具有的能力和目标,同时也评估现实与期望目标的差距,以及如何调整目标和设定前进路线等。

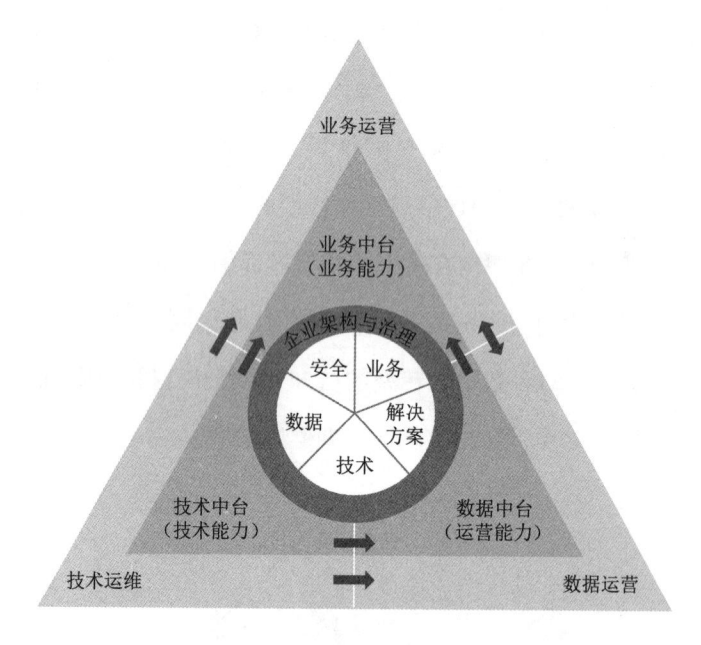

图2.8 可持续的数字化立体架构治理体系

从逻辑角度讲,企业架构能作为业务和IT之间的桥梁,可以有效提高协作程度、降低摩擦,三角形结构意味着更稳定和可持续。但随着原有的二元结构变成加入企业架构的三角结构,这个变化具体体现在哪里呢?如何让企业架构团队合理地融入原有体系?

如果传统企业在数字化转型的过程中,是参考和应用了双闭环模型,那么整体流程图如图2.9所示,从以业务全景为起点,顺着软件开发流程序列的箭头一直到交付与运维为止。在整个过程中,企业架构的五个组成部分,可以在不同的环节,有针对性地以辅助和监督的非侵入式方式,中立客观地评估、决策和建议。这样,企业就可以始终在现实与目标之间,灵活地调整目标、路径和方法。

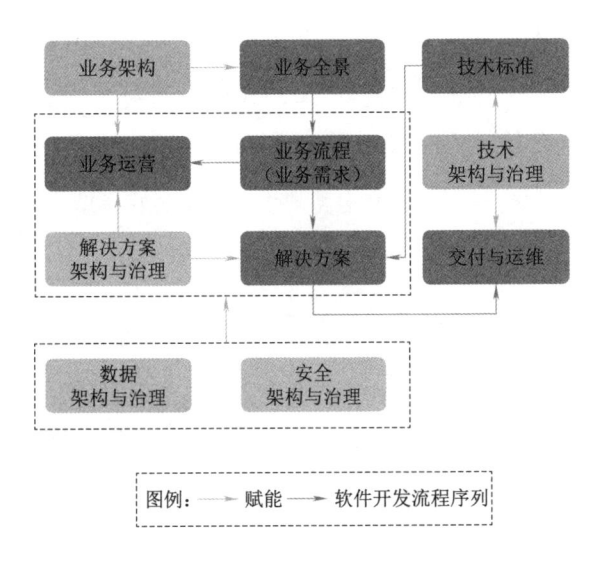

图2.9 可持续架构赋能图

小　　结

本章要点:

◇ 任何一种大的转型都会分为几个阶段,在不同阶段有着不同的关注、目标与任务。基于目前传统零售企业进行中的数字化转型的经验与过程,我们把传统零售企业数字化转型的阶段总结为双闭环模型。双闭环中每个字母分别代表的是战略、业务全景、产品、平台。

◇ 企业战略是整个数字化转型的起点。在企业数字化转型战略制定之前，企业可以以此契机重新审视自身的定位，包括自身的行业位置、类型、业务模式等。因为战略是后面所有转型的根本指导和框架，一旦框架格局太低，就会严重束缚发展机遇。

◇ 企业数字化转型的本质是对企业战略和运营模式的根本性数字化变革，因此，数字化转型需要在企业战略的层面上解决三个核心问题：业务模式、资源投入、组织结构。

◇ 随着企业数字化转型逐渐深入，技术能力对于企业的重要度也日益增强。随着数字化转型的深入以及人工智能的发展，企业必将经由数字化达到智能化。技术也会由开始的支持业务活动，发展为助力业务发展、拉动业务创新，最终技术与业务完全融合、不分彼此。

◇ 数字化转型需要基于数字化能力，是一个长期进行业务模式创新和顾客体验升级的过程，需要结合业务、技术、实践方法论，从企业自身的战略出发，科学理性地应对业务变化和IT上长期积累的技术债。所以，传统企业需要一个能独立客观评估数字化转型的角色——企业架构团队。

思考与行动：

通过本章的阅读，请思考和回答下述问题：

(1)为什么双闭环是广泛使用的数字化转型的模型方法论？

(2)基于本章讲解的模型和方法论，根据公司的实际情况，设计一套数字化转型行动路径。

第三章
数字化转型和 IT 项目的关系与逻辑

"模型"看起来抽象难懂,既无法与人们在现实中的衣食住行产生直接关联,也无法从典型的人、货、场概念中找到归因。然而,传统零售企业有它长期以来形成的固有逻辑,这样的行业与数字化碰撞时,不可避免地会产生矛盾。但归根结底,传统零售企业在数字化转型上能走多高和多远,是由心智、能力、战略与决策综合决定的。

第一节 电商渠道——传统企业数字化转型的起点

早期的零售行为只在商场门店这类线下场景里发生。随着互联网的发展，电商出现，一些底层逻辑开始产生转变。有人可能会疑惑，电商的产生比数字化转型概念早了很久，电商能算是数字化转型吗？对传统零售企业而言，算！因为，电商基于数字化渠道与能力，给传统零售企业带来新的业务模式。

有时候是先有理论，理论指导实践；而有时候是先有实践，实践归纳抽象为理论。电商与数字化转型的关系属于后者。

从数字化的历史视角去看，电商对传统零售企业而言，是一个实践门槛很低、适用性很广的转型切入点。可以适应不同业态、不同数字化转型阶段的零售企业，同时又与传统零售企业数字化转型的常见领域有着千丝万缕的关联。

入驻成熟的电商平台是当前国内传统零售企业广泛采用的最佳入门实践，但依赖电商平台，也是很多企业当前转型的瓶颈所在。所以从电商说起，可以更直观地剖析当前现状的背后逻辑，以及未来的可能挑战与最终走向。

一、最佳转型试错

在电子商务刚出现的时候,还没有数字化转型的概念,但不管是电商还是数字化转型,传统零售企业对新事物是好奇又紧张的。在成本、收益和风险这三个决策要素中,由于成本和风险较低,在看到那些勇于"第一个吃螃蟹"的企业大获成功后,许多企业开始效仿并入驻电商平台。

与传统线下开店方式相比,选择在既有的互联网电商平台开店是一件成本很小的事。传统线下零售门店的选址,通常需要经过复杂的计算和流程,客流密度、区域消费水平、租金、位置等因素都会给门店选址带来影响。选址确定后,优质位置的高昂租金,与该门店地理位置及品牌定位相符的设计与装修,门店员工的招聘培训,网络、POS等一系列门店基础设施的采购安装,这些都会带来开店环节的巨大成本。更不用提,因门店日常运营,所需要的商品物料的物流、配送、仓储的成本,以及复杂的门店运营与门店人员管理成本。

这些还只是一家服务于一个区域的门店所带来的成本。而对于一个颇具规模的零售企业而言,还会有商品物料的总仓、大量中心化的服务人员,这些人事物对于电商平台而言,则可以通过大仓发货与远程客服来替代,并且服务于全国范围。两者相较,后者的这些成本几乎可以忽略不计。

电商对传统零售企业的既有业务侵入性也很小。对于原本业务是经销/分销为主的传统零售企业而言,电商是额外增加的一个全国适用的销售触点。而对于品牌零售企业而言,电商是额外的一个新市场/新渠道。对原有的模式、结构、利益分配与管理模式都没有系统性的影响,可以维持既有状态的稳定。对于那些原本依赖经销分销商的品牌商而言,电商则提供一个绝佳的扩展直接面对消费者(direct to consumer,DTC)的机会。

自带全套数字化能力与流量的互联网电商平台,给予传统零售企业与品牌商一个以小成本、低风险来体验数字化销售场景与能力的绝佳机会,可以让企业体会自身对数字化转型的匹配度与适应力,是一个绝佳的"试错"选择。

二、营销域的探索

互联网电商平台是一个承载电商场景的数字化平台,因此不仅是提供数字化能力的工具,更是一个聚合电商场景与流量的入口。随着电商平台流量成本的增长,演化出公域流量与私域流量的概念。电商平台的营销实践,很大程度上影响甚至打破了不同业态传统零售企业心中对营销的固有理解。

在传统零售业态中,除了一些强制会员制的零售企业(比如麦德龙)以外,其他企业对顾客的识别与会员管理,通常很薄弱,甚至根本没有。一些传统零售企业即使有着比较强的品牌力和完善的会员等级体系,依然无法保证会员覆盖率接近100%。传统线下门店加POS的方式,天然导致了匿名顾客的存在合理性。企业无法对顾客做个体识别,就只能通过调研公司做宏观的群体维度分析。然而,电商的零售体验,不管是营销还是成单,全程都有对用户和顾客的明确标识。对接电商平台的传统零售企业等于瞬间有了数字化营销的基础和能力,可以实现DTC。对每个顾客身份和交易数据的识别,是精准化营销的基础。对于企业而言,这是一种充满喜悦的意外所得。事实上,有许多传统品牌零售企业,甚至就是为了数字化精准营销能力而选择加入了电商模式。

图3.1所示基于客户关系管理与数字化营销的基本定义,对相同的客户主体做了目标上的归纳和总结。不难发现,数字化营销在传统营销基础上,基本上覆盖了原来的客户关系管理,两者有着极大的共性。

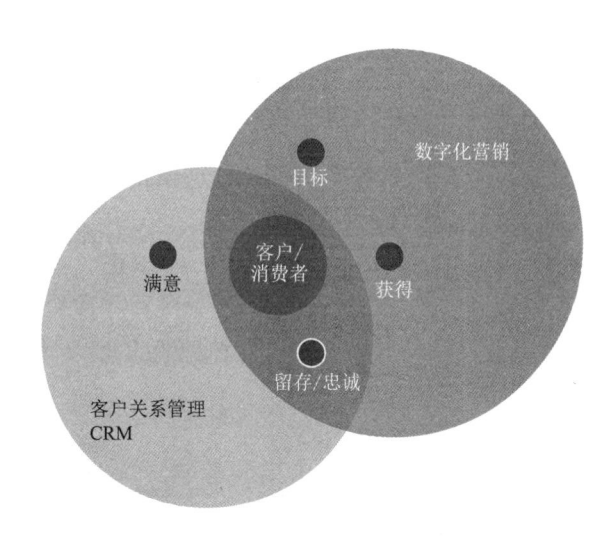

第三章 数字化转型和IT项目的关系与逻辑

图 3.1 客户关系管理与数字化营销的关系

原本客户关系管理关注于成单之后的服务与忠诚度培养，数字化营销则关注于成单之前的潜客转化。两者的领域边界是顾客是否成交。现在两者可以相互关联、影响，构成统一的营销体系，如图3.2所示。这会对传统零售企业当前的组织架构、权责归属产生潜在影响，对于运营能力也会带来挑战。

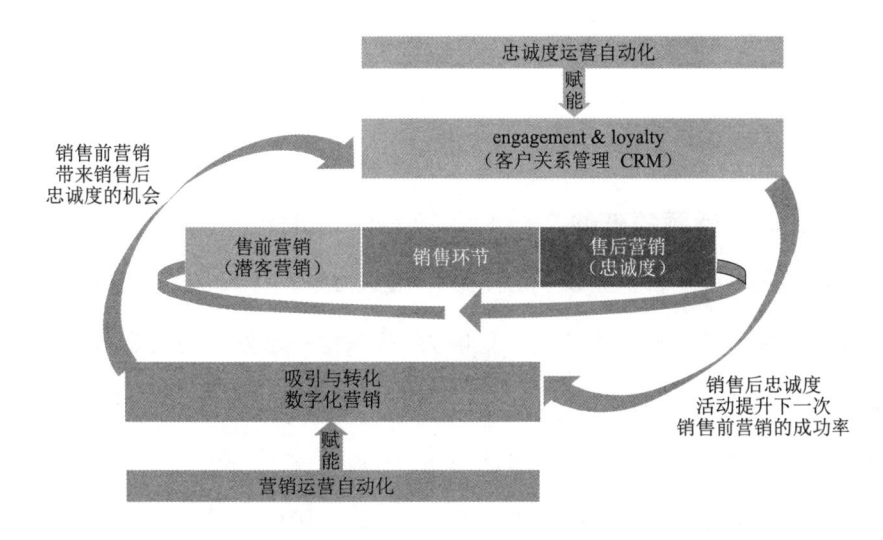

图 3.2 售前营销与售后营销的关系

此外，对于已经有成熟会员体系的传统零售企业而言，原本的会员营销是私域，在有了电商与数字化营销以后，私域与公域的营销流量、数据究竟是什么样的发展关系，是互换还是单向导流？而对于那些不曾有过会员体系的传统企业而言，电商与数字化营销提供了公域营销流量，那么未来企业还需不需要建立自己的私域？如何综合公域流量与私域流量实现最大收益？这些都是和数字化战略与业务全景息息相关的问题。

由于数字化营销以及其他数字化场景打开了所有传统零售企业都能直面消费者的大门，私域的数字化能力、用户积累、用户活跃度、用户忠诚度都将是各个企业未来营销竞争的"必争之地"。再加上，不管是和用户隐私相关的政策法规出台（对"公域"限制更甚），还是从企业数字化自主能力的角度考虑，私域都是传统零售企业不能放弃的核心资产。目前，各个传统零售企业与互联网平台企业都形成对公域私域的共识，那就是公域以获客和导流为主，而私域以留存、转化为主。

对一个传统企业而言，公域与私域的格局将会一直持续到企业进入第三阶段，即将自身定位成生态平台，那时候企业的私域会重新开放成为新的公域，与其他合作者和竞争对手的私域产生新的关系与组合。

三、电商话题的延伸

电商是传统零售企业数字化转型中，通过互联网平台，以"拿来主义"的态度在转型前期快速建立的数字化能力，并取得一定效果的典型事例。事实上，可以被"拿来"的不止电商。基于社交平台的营销渠道、基于O2O的外卖服务等，也都是包含业务属性的数字化平台。

在这里强化对"拿来主义"的归纳，是因为虽然传统零售企业对互联网平台的依赖，初期可以快速形成数字化能力，但这些数字化能力涉及数据、系统、运营等各个方面，最终有许多并没有内化成企业拥有的能力，导致企业并不能完全掌握，并在此基础上继续发展。

在企业没有真正属于自己的数字化能力时，即使持续采购第三方产品和服务，但始终会受限于采购的产品和服务本身，而使自身的数字化转型策略无法自由灵活地开展，让数字化转型处处受限。

传统零售企业需要平衡这种对第三方平台的依赖，使其既可以切实帮助企业实现数字化业务，又不至于成为转型路上的瓶颈和拖累。最终，传统零售企业需要在明确自身的数字化转型战略后，建立与之匹配的业务与技术团队。

第二节 "拿来主义"的瓶颈

虽然电商平台的尝试对一个传统零售企业和品牌商而言，是一个风险小而收益高的低门槛选择，传统零售企业和品牌商获得收益以后，也可以很容易地横向扩展，通过与更多的电商平台合作，来持续发展壮大业务量。但很快，企业会发现原本成熟稳定的运营与管理，在数字化场景与业务的快速发展体量面前，很容易就捉襟见肘，而想继续深化电商场景，与其他场景、渠道的融合时，处处都会遭遇瓶颈，能力缺失就会变得显而易见。过度地依赖电商平台，实行所谓的"拿来主义"会引发下面三方面的问题：

- 数据一致性问题阻碍了业务的深度发展。
- 体验一致性问题影响了品牌形象。
- 规划一致性问题给企业数字化转型埋下巨大的风险。

一、数据一致性问题

数据一致性问题的典型表现在主数据和数据模型两个方面，是在传统零售企业数字化转型的初期经常发生的问题。解决这些问题不仅考验企业的治理能力，也考验企业的应变能力。

1. 主数据

在数字化渠道扩张的过程中，电商平台和O2O平台都是常见的新型数字化渠道，对这些平台的引入，是快速获得客户流量的方法，也是提升销售业绩的典型数字化转型实践。以电商和O2O为例，多渠道间的商品信息差异、不同地区门店商品的差异、不同门店具体营销策略的差异、商品折扣设置的差异……这些都是数字化业态下，商品类目管理（门店商品上下架运营）的常见挑战。

这些挑战的大小，取决于企业在转型前对业务主数据管理的优劣。一个业务主数据管理得当的传统零售企业，可以通过主数据分发适配，轻易地解决商品管理的问题。倘若商品主数据、渠道主数据与门店主数据都能有效管理，那么对不同电商平台的商品管理与上下架的运营，理论上将不是一个挑战。

但商品运营管理的理论逻辑毕竟只是理论逻辑，零售行业在实际运营中总是复杂的，再完美的商品管理流程与门店商品上下架逻辑，也抵不过现实中的挑战。庞大的商品种类与数量、数以千计的门店和渠道、高频调整的营销策略与活动，以及不同第三方平台的协调配置，都会给实际运营带来巨大挑战。在没有实现自动化的情况下（比如自动化的商品分发管理），企业需要耗费大量人力与时间，并不可避免地产生各类失误。这些不同层面的复杂度，会大幅抬高对人员的要求，而企业如何能有效管理好大规模的运营团队，并让每一个团队成员对业务的理解、对运营流程的掌握都保持高度一致性,也是一个现实难题。

零售行业在数字化业态下运营的最终出路,还是要将运营流程与数据分发回归到基于数字化能力的自动化,而这些自动化的实现,依赖主数据的集中统一管理这一前提。如果没有主数据和主数据管理,差异性运营就没有共同的一致性数据基础,即使业务可以制定简单的差异化运营规则,也会因为主数据的缺失而无从实施差异化规则。

简而言之,在单靠"拿来主义"的情况下,好的主数据管理未必意味着轻松的运营,没有主数据支持的运营注定是个灾难。传统零售企业需要自研能力,才能保证数字化运营能力的可持续性。

2. 数据模型

第三方电商平台之间的数据模型不一致是合理的,但对于传统零售企业而言,不管是向电商平台输出自己的主数据,还是从电商平台回收业务数据,传统零售企业都需要数据模型在结构上具有稳定性与兼容性,从而使数据可以在不同平台与系统之间有效地集成流动,构建完整的数据资产。

数据模型的不一致性与主数据缺失所导致的不一致性,在实践中是一个相互影响的关系。如果传统零售企业在转型之前没有主数据管理,那么在和不同的第三方电商平台进行对接时,就无法衡量第三方电商平台数据模型与自身理想的数据模型之间的差异,而这会对企业的主数据管理产生障碍。

由于零售行业大致数据模型划分的差别并不大,在数据模型层面能产生很大分歧的,往往都是一些体现业务差异化的细节。这种差异,在传统零售业态和互联网零售业态的碰撞中显得尤为明显。以商品数据模型为例,正常的商品属性、价格、图文等相差不大,但是对于 SKU(stock keeping unit，最小存货单位)、SPU(standard product unit，标准化产品单元)与套餐之间的关系，以及SKU、SPU与客制化之间的关系，就容易产生分歧。

互联网平台在设计数据模型时，追求的是通用性，也就是让这个数据模型可以覆盖更多行业、更多场景，更适应普遍意义上的大众市场。而传统零售企业在数据模型设计上，则会偏向于通过牺牲通用性来满足业务的灵活性和多样性。因此，那些业态复杂的传统零售企业，在其自身数据模型和互联网平台的数据模型有较大差异时，就会容易出现互联网平台的数据模型无法承载传统零售企业的业务需求的情况。

当传统零售企业选择和这个第三方的互联网电商平台合作时，如果企业无法向第三方电商平台输出主数据，就会导致传统零售企业某些业态功能在第三方平台的场景上出现降级，影响顾客体验，以及无法确保不同渠道上的顾客体验一致性。

另一方面，倘若因数据模型差异而无法回收业务数据，比如交易订单数据，那么传统零售企业将无法获得完整的业务数据，从而会影响对整体业务、运营状况的归因判断，给业务带来风险。

二、体验一致性问题

如果说数据是数字化内在的血液，那么体验就是数字化表面的皮肤。体验上的不一致性既是背后各个领域数据与模型的不一致性造成的，也是平台方由于业务能力、业务流程与视觉上的不一致性造成的，甚至有的就只是因为各自利益出发点不同而天然产生。

比如营销场景中，优惠券和代金券在财务角度的处理差异、会员体系的结构性差异、会员属性的区别、商品上下架逻辑的差异、订单拆分或合并履约的能力等问题，都会造成运营人员和用户在体验上的不同。又比如，对于会员信息，有时第三方平台不愿意与传统零售企业双向打通，导致传统零售企业被迫局限在第三方的业务场景中，给会员提供完全割裂的消费体验。

对于一个有品牌力的传统零售企业而言，维护同一品牌下不同渠道与触点之间的体验一致性，是非常重要的。因为只有所有渠道和触点，包括门店、电商和其他可能的营销触点都能保持一致，才可以让企业自己主导的营销活动顺利实现。然而现实是，实际的营销与运营受到各个平台自身规则和框架的限制而无法一致。有的平台甚至会有排他条款，导致企业不得不因此放弃一部分渠道，甚至不得不放弃所有第三方平台侧的渠道，只保留自有的渠道。这其实也变相导致了企业对私域的加速建设。从传统零售企业的角度看，拥有自研的数字化能力，不仅可以更好地平衡第三方与自有场景，也可以在商业层面获得与第三方谈判的更多筹码。

三、规划管理一致性问题

在数字化转型的初期，传统零售企业还有许多数字化能力的空白。在从0到1时，只要第三方平台可以满足传统零售企业一部分的需求，企业就希望快速接入平台，以低成本低风险的方式构建数字化能力。甚至可以说，传统零售企业在数字化转型的初期，许多数字化能力的规划都是充分参考了第三方互联网平台的历史经验。

当传统零售企业的数字化能力、场景与运营快速追上了第三方互联网平台所能提供的赋能时，传统零售企业会选择与之志同道合的厂商和平台合作。传统零售企业自己的研发团队大多成立在这一时期。

从另一个角度去理解，即使有平台愿意与某一个传统零售企业"志同道合"，传统零售企业也应审慎考量。因为这类合作并无法消除第三方平台与企业合作的长期不确定性。随着合作越发紧密，如果第三方平台展现出与传统零售企业不一致或不兼容的战略构想,就会给传统零售企业带来不可承受的打击。

事实上,两者之间很难保持一致。第三方平台和企业之间天然地应该有巨大差异。

对传统零售企业而言,第三方平台是一个新渠道,是业务的增长机会,是输出品牌影响力的广场,但对于那些第三方平台而言,相互之间就天然需要有不断扩大的差异化,才能保持独特的定位与竞争力。

第三节　企业数字化自研的崛起

面对"拿来主义"带来的一系列问题,传统零售企业很快就发现"拿来主义"不是长久之计。为了数字化转型的可持续性,企业选择构建自研团队以满足业务能力需求,是一个必然的选择。

一、自研的崛起机遇

从宏观角度来看,传统零售企业自研能力崛起的机遇,一定出现在既有的"拿来主义"模式无法完全满足需求的时候。但对于每个传统零售企业个体而言,这个机遇又有着细微区别,不能一概而论。

从大的时机分类上看,机遇可以分成如下两个阶段:

● 第一阶段是企业需要有更完善的数字化能力时。比如之前提到过的,第三方平台或产品化解决方案的能力空白需要被填补,从而适应企业自身运营与管理的需要。这个阶段的企业,有能力自主进行数字化能力的建设,对应双闭环模型的第二阶段。

- 第二阶段是企业试图掌控数字化能力时。因为当企业充分认知到数字化是企业未来发展的核心要素,而数字化的核心能力是业务与IT共同形成的数字化架构管理能力时,企业就会义无反顾甚至不计成本地去提升它。这个阶段的企业,数字化能力已经完全成为企业自身以及对外服务的价值生产力,对应双闭环模型的第三阶段。

当说企业有自研能力的时候,所指的关键是企业能有自身可控制的资源(无论何种形式)来实现数字化能力的建设,至于实际的交付开发是否为外部资源,并不影响对自研的归类。有的传统零售企业,会借着自研能力的需求产生,直接一步到位,连数字化的开发团队,都开始走大规模招聘的自有模式(也就是常说的 in-house 模式)。这个没有绝对的对错,从对战略的长期考量,以及最大化地掌控数字化能力而言,这是早晚都会发生的事。

所谓对错,更多集中于组织架构内部的结构关系,以及企业整体对数字化IT团队的定位认知与协作模式。

就笔者的经验来看,一般会建议先从混合模式开始,也就是好的乙方服务商与甲方自有的技术管理人员一起协作,这样在很长一段时间内,既可以保证核心竞争力在企业手里,也可以保证开发资源的动态灵活,从而可以快速实现可持续的数字化业务。对传统零售企业而言,这种转变需要时间,更需要打开转变的契机。

二、IT团队的定位重塑

IT团队在地位、职能和参与深度方面,是可以灵活调整的。之前提到的"影子IT"现象是IT部门地位最弱的一个极端表现,与之对应的另一个极端是像互联网企业那样,以IT产品研发驱动业务增长。在传统零售企业的数字化转型中,IT团队定位会相应地往高处走,但要推动这件事发生,需要IT

团队有能力去承担更多职责——具备相应的心智,掌握相应的技能。

在一个技术背景的人眼里,一个 IT 人员最重要的就是技术,其他一些偏管理、沟通的软技能是次要的。而事实上,传统零售企业的数字化转型,也同时是 IT 心智与能力的数字化转型。对于一个带有数字化属性的 IT 人员,还应该具有对业务知识的理解能力。这两个认知的差异,可能会导致同样是 IT 人员,对技术与业务的价值有着相反的理解。

比如,像图 3.3 所示的那样,传统的 IT 思维与实践更适合传统企业的信息化系统开发管理。IT 团队不太会去触及业务的价值,IT 管理的关注重点在硬件、平台与基础设施上,那部分才是 IT 团队最能自主管理和发挥专业特长的领域,也是业务功能承载的基础。有了那些好的基础,才能更轻松、可持续地支持和实施业务功能与流程。业务部门则会负责业务价值,明确业务功能、制定流程。

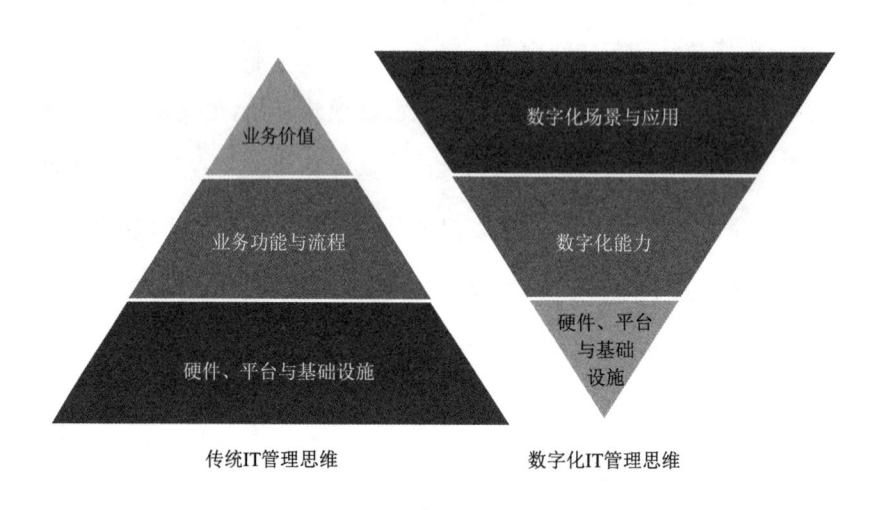

图 3.3　传统 IT 管理思维与数字化 IT 管理思维的对比

而为了去适应主导传统企业的数字化转型,在数字化 IT 思维和实践中,IT 团队不仅要主导数字化能力,还要与业务一起参与数字化场景与应用。一方面，随着云计算的成熟和普遍使用，硬件、平台与基础设施方面的挑战，被云计算大量解决；另一方面，IT团队与业务一起关注数字化场景与应用的当下与未来，数字化能力才是IT团队最能发挥自主架构、治理、管理与实现的部分。

为了能达到与业务一起数字化转型的目标，IT就需要具备相应的知识、能力与方法。可以用图3.4来示意常规的数字化转型中，业务与IT分别具有的职位。

相比于传统IT的职位配备，数字化属性的IT团队常见技术职位（图3.4中B的部分），除了IT决策者、项目经理、网络与基础设施管理者、运维、技术架构和开发测试之外，还会有对数字化转型特别重要的企业架构、解决方案架构、信息安全（图3.4中C的部分）。相对应，业务团队除了常见的职位外，也会新增技术产品经理（图3.4中A的整体部分）。

图3.4中C的部分排除在A与B之外，被单独框选出来，是因为C部分归属有比较强的不确定性。在一般实践中，通常会被分在IT的组织中，也有被分在数字化组织，甚至是直接独立存在的。

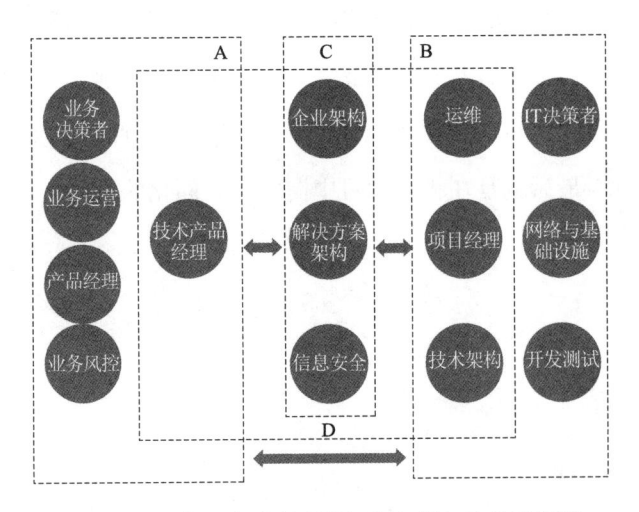

图3.4　IT与业务常规职位组织归属与协作示意图

图 3.4 中 D 的部分被框出来,是表达这是整个企业组织架构与职位配备中,能同时对业务与 IT 具有理解能力的职位。数字化的业务是带技术的业务,所以这些职位在数字化转型中充当非常重要的沟通与决策职能(图 3.4 中的双向箭头),帮助引导不同背景的组织部门之间更好地相互理解与产生数字化转型的合力。

所以,数字化属性下的 IT 人员,除了原本对硬件设施的管理维护,还要对整个数字化能力的开发过程与结果负责,甚至还需要与业务部门一起,共同探索企业数字化业务的未来。如果我们将业务与 IT 相互配合,以一个项目阶段的形式放在一起,大致就是图 3.5 所示的情况。

业务愿景	业务流程	业务运营SOP调整与准备	业务运营
数字化能力架构	数字化解决方案架构	开发测试与实施	数字化运维

图 3.5　IT 与业务不同项目阶段中的配合示意图

这样的合作与磨合,是传统零售企业数字化自研模式的起点,随着合作与磨合的不断发展和深入,企业可以步入双闭环模型中的第三阶段。那时,企业便可基于当时的实际情况,具体思考这个具有数字化特色的合作模式往何处发展。笔者相信,互联网企业在有了越来越多的业务属性后,当业务体量到一定程度时,也会更多参考这个协作模型。互联网企业与传统企业的数字化转型,最后就是在相互学习中向中间态同化的过程。

小　结

本章要点:

◇ 电商平台基于数字化渠道与能力,给传统零售企业带来新的业务模式模型。电商平台是一个实践门槛很低、适用性很广的转型切入点。传统零售企业需要平衡对电商平台的依赖,使其既可以切实帮助企业实现业务数字化,又不成为企业数字化转型路上的瓶颈和拖累。

◆ 对于传统零售企业而言,公域以获客和导流为主,而私域以留存、转化为主。

◆ 过度依赖电商平台,实行所谓的"拿来主义"会引发三方面的问题:数据一致性问题,阻碍了数字化业务的深度发展;体验一致性问题,影响了品牌形象;规划一致性问题,给企业数字化转型埋下了巨大风险。

◆ 为了数字化转型的可持续性,企业选择构建自研团队以满足业务能力需求,是一个必然选择。

◆ 拥有自研的数字化能力,不仅可以更好地平衡第三方与自有场景体验,也可以在商业层面获得与第三方谈判的更多筹码。

◆ 企业自研能力的关键是企业有自身可控制的资源(无论何种形式)来实现数字化能力的建设,至于实际的交付开发是否为外部资源,并不影响对自研的归类。

◆ 传统零售企业的数字化转型,同时也是IT人员心智与能力的数字化转型。对于一个带有数字化属性的IT人员,还应该具有业务知识与理解能力。

思考与行动:

通过本章的阅读,请思考和回答下述问题:

(1)你所在的公司接入电商平台的过程中遇到了哪些问题?为什么会

有这些问题？

(2)你所在的公司在数字化转型中遇到了哪些"拿来主义"所引发的问题？企业是如何应对的呢？

(3)你所在的公司是否已经有自研的能力呢？目前IT团队的定位是什么？是什么原因导致目前的结果呢？

第四章
数字化背景下的营销趋势及应对

数字化营销,是不同阶段的传统零售企业都很积极投入的领域,虽然往往依赖于第三方平台,又或是需要第三方解决方案提供商参与。数字化营销虽然有表现形式多样、迭代更新快的特点,但是在数字化转型的背景下,还是有其明显规律与发展趋势的。

数字化转型中充满了突破既有观念看世界的机会,本章希望从一个新角度来谈谈对营销的理解、对营销趋势解读及其未来展望。

第一节　营销技术的趋势特点

营销是通过向消费者创造价值、沟通价值和交付价值的一系列活动,使个人或群体的欲望和需要得以满足的社会和管理过程。具体来说,是通过研究和透析人类在社会商业活动中的行为与心理,利用其中的规律来增强商业行为的影响力,从而帮助企业在商品买卖、服务供给、品牌提升、客户满意等全方位创造价值的过程。通俗来说就是"利用人的各种心理把货卖出去,那是营销该干的事"。

当数字化的场景渠道被扩展,数字化的能力被融入时,传统营销所使用的社会学与心理学也需要被适配进来,以不同形式与载体来覆盖替换原有的渠道,并在新的渠道下扩展出新的场景,探索出新的群体心理规律,从而使得企业的营销活动可以更容易触达、更有效地施加影响、更好地提供客户体验并更多地获客。在这过程中,数字化平台与工具可以通过自动化与智能化来加快营销手段的迭代,通过内容与方法论的进步,使营销的影响力踏上一个新台阶,形成一个全新的正反馈循环。

所以更好地理解成功营销背后的逻辑,了解营销方法的变化趋势,并熟悉数字化营销能力,可以帮助传统零售企业更好地规划短期、中期与长期的营销策略。同时,第一阶段期的企业即使转入第二阶段期,在很大程度上并不会改变在第三方平台上的基本营销策略,更何况,对营销趋势的把握还可以帮助传统零售企业更全面地判断是否进入、如何进入第二阶段期,调整自身在不同阶段的业务全景。

营销技术(marketing technology,MarTech)由来已久,2011年就有机构总结了营销过程中使用的数字技术服务商(包括企业与平台),至今已过去10余年。MarTech的分类与增长趋势,反映了数字化营销的发展历程。

从图4.1上可以看出,MarTech解决方案数量经历了一波快速增长,在2019年进入平缓期。

在全世界范围内,MarTech真正意义上引发关注的时间是2014年,直到2020年达到前所未有的8 000个解决方案。

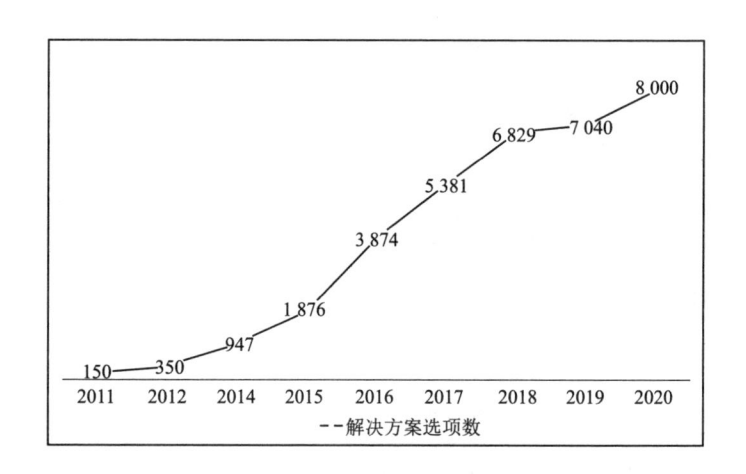

图4.1 MarTech历年解决方案个数

将2020年度MarTech解决方案做了分组整理(见表4.1):广告与促销、内容与体验、社交活动与关系、商业与销售、数据、管理。这些新的大类突出了营销的领域、场景与方法。

仔细观察各类数字化渠道上五花八门的营销内容与手段,你会发现国内近几年的营销趋势与背后的实现方式,与这些大类大致吻合。

表 4.1　MarTech 2020 年分类结构

广告与促销	内容与体验	社交活动与关系	商业与销售	数据	管理
移动端营销	移动端应用	倡导、忠诚度与推荐	电商营销	控制台与数据可视化	产品管理
公关	视频营销	社交媒体营销与监控	电商平台与购物车	移动端与网页端分析	项目与工作流
程序化广告	邮件营销	客户关系管理	零售、邻近营销与物联网	数据管理平台	协作
搜索与社交广告	内容营销	客户体验、服务与成功	自动化销售、赋能与智能化	群体数据、营销数据与数据提升	预算与财务
原生内容广告	优化、个性化与测试	社区	联盟营销与管理	营销分析、效果与归因	敏捷管理
视频广告	内容与Web体验管理	活动、会议与研讨会	渠道、伙伴与本地营销	商业智能、客户智能与数据科学	供应商分析
印刷物	数字资产管理、产品咨询管理与营销资源管理	呼叫分析与管理		集成平台即服务、云、数据集成与标签管理	人才管理
	自动化营销与潜客管理	目标客户营销		客户数据平台	
	搜索引擎优化	影响力施加者		治理、合规与隐私	
	互动内容	沟通营销			

促销成为营销的主要方式,除了企业自身的品牌力,拼的就是价格策略的灵活性:

(1)内容营销与体验成为营销成败的关键因素,从视频营销到千人千面,企业都在追求内容的个性化;

(2)社交营销被频繁提及,熟人关系与人群关系被广泛应用,证明了其有效性;

(3)营销与销售的边界开始变得模糊,两个领域开始混合和相互促进;

(4)数据的采集、分析与使用的价值链被各大企业认可,从社交关系到精准营销,都需要整合平台的公域数据与企业的私域数据,才能满足营销目标的数据完整度;

(5)在以上这些复杂度与参与度都被大幅提升的情况下,企业要在运营上保持效率,平衡风险与收益,管理也作为一个重要类别被归纳进 MarTech。

零售行业是所有行业中进行数字化转型比较早的,而数字化营销又是零售企业数字化转型的主导领域之一,因此,表 4.2 中 MarTech 在 2020 年增长的分类,在契合了数字化营销的同时,也契合了包括跨国零售在内的传统零售企业数字化转型的进程与发展。本书后面会详细分享我们理解的国内数字营销的趋势与特点。

表 4.2 MarTech 2020 年相较于 2019 年的分类增长

解决方案	数量(个)	增幅	相较于 2019 年增长最快子类别	增幅
广告与促销	922	4.1%↑	印刷品	35%↑
内容与体验	1 936	5.6%↑	视频营销	26%↑
社交活动与关系	1 969	13.7%↑	沟通营销	70%↑
商业与销售	1 314	9.0%↑	零售、邻近营销与物联网	15%↑
数据	1 258	25.5%↑	治理、合规与隐私	68%↑
管理	601	15.2%↑	项目与工作流	41%↑

第二节 营销社交化

我们把公众号的文章分享给朋友是一个营销社会化使用的普遍尝试。最近比较成功的社交裂变与"种草"营销,更是让大众切身体会到了营销社交化。长久以来,口碑传播一直存在,但却不是一个决定性因素,直到社交裂变与"种草"放大了社交在营销中的比重,并由此开辟出新的营销方向。

一、去中心化的营销模式

从模式上看,社交化营销的最大机遇,在于将原先的中心化营销转化成去中心化营销。原先以传统零售企业为中心的营销决策,在社交属性的加入下,将会衍生出许多新的中心,并不断野蛮生长,创造丰富的营销内容。

去中心化是互联网信息内容传播的新形态。

营销领域中所说的去中心化,其实严谨地说是非中心化,即:并不是只依赖于一个控制中心。然而,不管有多少个中心,营销内容的源头和起点,依然是企业本身。不同于区块链概念上的去中心化,区块链技术没有特定源头。

如图4.2所示,去中心化是中心化向分布式方向演化过程中的形态。社交营销模式的极限状态,就是图中分布式的格局形态。那个格局形态非常理想化,在实践上会不断接近,但很难真正达成。

中心化　　　　　　去中心化　　　　　　分布式

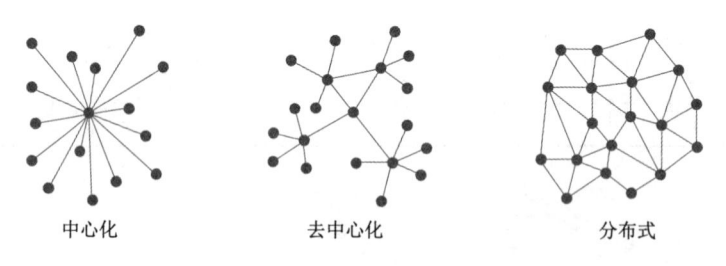

图4.2　中心化、去中心化与分布式示意图

以社交传播为主的去中心化营销模式,比中心化营销有着更强的传播广度。以社交裂变为例,每次裂变行为的源头,就是一个新的传播点,同时也是一个新的营销中心。从整体效果看,成功的去中心化营销模式针对顾客群体的渗透率,远远高于传统的中心化营销。

在营销传播过程中,每个新的中心点都将增加内容多样性。

营销内容在每个新的中心点都将经历一次微小重构,从而进一步匹配对应圈子的兴趣偏好,产生更强的共鸣,让企业和顾客产生更紧密的情感关联。这就是当前中心化提供素材,通过去中心化内容加工和传播来协同的营销管理模式。

用户的情绪刺激,是营销活动得以成功执行的一个必要条件,也有助于企业对用户心智展开研究。

二、认同与社交分享的关系

马斯洛的需求层次理论说明,人在满足温饱等基本生存需求以后,内心是渴望被认同的。商业性质的社交传播行为,也是源于该结论。

认同,在数字时代下最直接与普遍的表现形式,就是大量分享与炫耀。分享的心智出发点是:认同一则讯息有趣或有用,希望周围的朋友们也能知晓。而炫耀的心智出发点是:认为大家没有自己有的某种事物,并且要证出来。

社交的分享不论是利己或是利他,本质都是获取认同的过程。社交化营销只是给了当事人一个完成分享或炫耀的机会。当事人因为自身诉求,执行了营销流程定义的那件事。而另一边,浏览分享的那一方,一定程度上也认同着对方的表达行为。

社交圈,是一个基于认同的关系链。

对企业而言,一个品牌不可或缺的是与顾客在价值观和情感上的共鸣。而这恰恰是社交化营销所最擅长的一点——促进情感关系的形成。

更进一步,一个品牌甚至可以成为某些价值观与情感的代表。此时,顾客可以通过品牌认识更多趣味相投的朋友,这也是传统零售企业在社区运营上的优势所在,也是社交元素在营销领域事半功倍的重要原因。

三、社交裂变营销活动成为标配

社交裂变营销活动的雏形,是让顾客在分享后可以获得某些利益,而接收方也可以成为下一个分享方,从而同样获得利益。

以图4.3所示为例,假设有一个营销活动,规则是用户凑满3个有效分享(即分享链接由不同的人打开)后,即可获得一定的积分。图中用户作为一个裂变的种子用户(或者叫1级用户),分享给4个好友,每个好友作为裂变中的2级用户,

图4.3 社交裂变示意图

全都打开了分享链接并分享给另外3个用户(对那个种子用户而言,2级用户各自分享出去的是3级用户;而对那4个2级用户,那些3级用户分别是他们的2级用户)。社交裂变就是以社交关系为传递网,像细胞复制那样,以核裂变的递增速度达到快速传播和人群渗透的目标。

在零售企业的不断实践中,基于裂变的基本模型延伸出符合人性特点的各种变化。比如,可以根据分享链接打开的次数,做阶梯式的奖励,邀请越多奖励越丰厚;又比如,接受裂变邀请的人第一次参与活动,也可以立刻获得对应奖励。

这些变化和改进都是为了提高顾客参与的动力,也让做了分享裂变行为的顾客,有更大概率吸引下一个人进入裂变循环。与单纯的内容分享相比,这一方法最重要的变化是顾客参与原因不同,从单纯的认同驱使转化为利益驱使,从而帮助企业有效地获客。

分享的发送方和接收方都可以获得利益,这让很大一部分没有充分动机进行"认同感参与"的人,转化为参与者。凡是抱着"免费的优惠,不拿白不拿,万一要用呢"心态的人,都会积极参与到此类活动中来。如果裂变的

营销内容被发到了朋友圈、微博等社交平台,社交圈中的评论、点赞的互动又会产生群聚效应,让喜欢凑热闹的群体也参与其中。

即使是那些坚决不会消费这个品牌的、没有好奇心也没有贪小便宜心态的人,也可能出于"与分享者提升关系"的动力而参加这类活动。一个典型的例子是:看到了别人分享的裂变式营销,在想提升社交关系的驱动下,不管本身是否真的需要,都会主动参与其中。

与之相对的一个例子是:知道想和我提升和维持社交关系,需要人参与社交裂变来为自己获得某些利益,就会主动分享出来。

与内容分享相比,社交裂变营销消除了分享意图的不确定性,排除了因为分享者意图模糊而导致的潜在问题,消除这类参与者的疑虑。

成功的社交裂变模式,深入挖掘了人类普遍的心理诉求,尽可能地适配更多人参与,此外参与时间短、互动流程高效也是保证效果的重要因素。

与之相比,内容分享导致参与意愿较低的重要原因是过于耗时。参与者需要花费相对多的时间来理解其中内容,参与门槛被大大提高。在当前快餐文化盛行的情况下,"多、快、好、省"是大家的普遍习惯。

当然,两者各有千秋,裂变与内容也有组合的可能——比如曾一度火热的在线知识付费浪潮。

四、社交营销的马太效应

基于社交的零售营销使用的是熟人社交网络,因为社交网络所具有的信任属性,可以保证传播效率。一般情况下,企业不会使用垂直领域专业的社交网络进行零售营销。比如在领英上看到一个带货链接,用户会觉得违和感非常强烈,从而影响传播效果。

在数字化的世界中,熟人社交网络关系天然具有巨大的使用黏性。每当少数人要转移至其他的平台时，与剩下大多数人的社交沟通也可能被阻断，从而使得那些想要脱离的人最终无法完全脱离（除了因为工作或其他需要，主动寻求社交关系隔离的场景）。想要让熟人社交网络整体搬移，是一件需要全局驱动力才能完成的事。这个驱动力可以是内在、主动的，也可以是外在、被迫的。

传统零售企业在使用社交营销带来收益之余，应该保持谨慎——社会关系的数据与渠道主动权，不在传统零售企业的手里。

即使一些零售企业在品牌、人群与数字技术实力上都很强，在自己的平台、生态或者流程中引入了强社交关系（强社交关系是指需要相互确认加好友，明确相互社交的关系），受自身社交场景的垂直性限制，依然无法与一些主流社交平台相提并论。这不仅和社交体量有关，也和社交的通用广泛性有关，因此在格局上，零售企业的社交营销必然很大程度上依附于主流社交平台，并通过主流社交平台来引流与产生交互。

能让社交平台与零售企业在社交资源上相对平等化的，并不是零售企业的实力本身，而是互相竞争的社交平台之间的制约关系。当企业进入一个社交平台开展营销活动的同时，也在帮助这一社交平台进一步提升流量价值，这是一个相互促进的过程。在理想组合下，零售企业的数字化营销与社交平台可以分别加强自己在领域内的马太效应。

五、熟客社交化

社交裂变是数字化转型中营销社交化的表现之一，通过顾客的私人社交网络关系，来提高譬如发券、"促活"或者"会员拉新"等营销活动的传播效果。由于数字世界的社交网络并不完全代表关系亲密度，也不受地域限制，这个模式的特点是优先关注关系，其次才是地理位置。

也因此，往往只有当传统零售企业的门店较多、业务覆盖较广时，这个模式才有效提升整体营销效果，而大型企业的中心化营销部门也更有能力来组织裂变营销。

传统零售企业还有另一种非常专注以地域为关联的社交关系，也就是广义上理解的熟客社交。比如，同一个小区或街坊的住户、同楼的邻居、遛狗能常遇到的熟人、一起上班的同事、一起上学的同学，等等。围绕这些关系展开营销策划，虽然无法充分发挥顾客的私人社交关系，但却容易对"门店"产生很强的黏性，适合各个零售门店自主展开。

在过去，只有商品单价高、消费决策链路长的业态，才需要通过导购、客户经理等角色来维持熟客，典型如奢侈品业态，天然具有熟客社交的基本雏形。

而渐渐越来越多的传统零售企业，特别是品牌零售企业，不会再用客单价或决策链路的长短来判断是否使用熟客社交。即使是快速消费品业态，也可以通过这样的熟客社群来提高购买频次，提升总体业务。

不管是什么样的业态，总是可以通过挖掘顾客群的某些共性特点，组织促进消费决策和提升忠诚度的顾客社群。这个共性可以是兴趣爱好，比如，钓鱼、滑雪；可以是基于角色，比如孕妇、家庭主妇；也可以是基于职业的，比如程序员、产品经理。

越来越多的传统零售企业开始意识到，这种熟客社交，不仅是为了销售的数字，更是为了顾客的整体体验。对企业而言，门店在所在的社区，承担除业务之外的服务，也是一种提升品牌影响力和传播文化的好方式。数字化转型是以顾客体验为中心，所以对传统零售而言，熟客社交提高了顾客体验，增进人与人的社交连接。

第三节　营销内容精准化

营销在社交化的同时也在精准化,即对人群数据进行筛选,进行个性化内容展示。营销领域内大家常常会提到的千人千面是消费者都能普遍感受到的特征。

而站在企业侧,精准营销目的很简单,就是提高营销的投资回报率。精准营销伴随着顾客群体特征的转变、数字化业务理念的提升、数字化数据技术的发展等一系列影响下的必然结果。

一、精准营销的普及趋势

科技发展使得信息爆炸,人们普遍能感到节奏加快了,耐心也减少了。消费者会倾向于更能获得愉悦感的内容体验,这是人类心理的普遍诉求。

同时,国内年轻消费者表现出强烈的"自主性"。社会上的方方面面都让"90后""95后""00后"的独立人格有了明显增强。他们相较于父母辈们更在乎自身的感受,更追求新鲜有趣的事物,更有消费的动力与实力。

人格的丰富度与差异化也随之而来,这使得想要找到能相互认同的知己越来越难。在独立与渴望被认可的表层矛盾中,"懂我"成为精准营销追求的客户感受。

这个"懂我"其实是偏口语化的表达,其含义是通过个性化体验,让顾客能感受到品牌的同理心,让顾客油然而生被认可的愉悦心情,从而加深情感连接。

在具体的实施中,有不同角度来施加这个"懂我"的个性化营销特性。

懂我的差异化可以表现在促销的价格上。譬如,可以根据对用户的购买力、忠诚度、频次等因素的判断，使得相同的商品可能会对不同人有不同规格，或是面对相同的人，在不同时期展现不同的规格设置。在一个活动周期中，企业可以观察和分析用户行为，通过个性化的促销来更精准地实现转化。比如，当一个顾客反复多次查看一个商品时，可以通过价格优惠来推动顾客消费的促成。

懂我的差异化也可以表现在营销内容上。这个内容可以是流程与方法的差异，也可以是视觉审美的差异。譬如说，相同的营销活动，在相同的促销力度下，可以根据消费者审美的不同而展示不同文案，或是提供不同的互动。又譬如说，基于一段时间中的购买记录，可以区分不同人群，并设定不同的活动奖励。

懂我的差异化还可以表现在营销沟通与渠道上。在短信、邮件、推送消息、微信公众号消息等多种沟通渠道方式上，如何把握渠道选择、频度与发送时间，也影响消费者潜意识中对这个品牌和企业是否"懂我"的判断。

人的情感非常复杂，因此懂我的表达与体现，可以有更多的角度与切面，比如配合心理学一起使用。但同时，业务部门需要明白，精准营销是需要有一定的数字化能力与数据基础的。因此，传统零售企业在选择平台来做精准营销的时候，需要关注平台数据能力的积累、营销流程与内容的灵活性，以及渠道的整合能力，确保这些能力能相互配合，满足营销业务的灵活多变。

懂我的极限表现就是使人与体验之间实现完美匹配，实现字面含义的千人千面，也就是当个性化营销中的人群划分逐渐细化，最后实现每个个体都有各自不尽相同的体验时，就实现了超个性化营销。如图 4.4 所示，与传统的个性化营销相比，超个性化营销在认知和模式上有一个根本性的转变，那就是不再定义目标客群和非目标客群。这样一来，所有的顾客都是被个性化营销覆盖的群体，个性化营销的运营模式不再是拿着内容和方案去匹配客群，而是根据每个顾客去产生内容和方案。

个性化　　　　　　　　　　　　超个性化

← 非目标客群

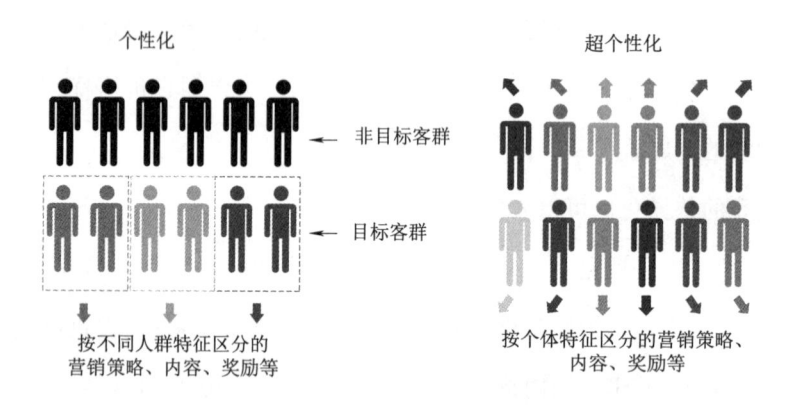

← 目标客群

按不同人群特征区分的　　　　　按个体特征区分的营销策略、
营销策略、内容、奖励等　　　　内容、奖励等

图 4.4　超个性化与个性化对比示意图

超个性化营销是个性化营销的一种极致，实践中一时很难达到这个高度。若不再预设条件和模板，就需要针对每个个体产生独特和适合的营销内容、方式、时间等所有影响体验的部分。不管是内容和方案的产生，还是方方面面的流程支持，都需要更合适的时机。但这个概念背后的理念，将会促进和推动更精细的个性化，并在决策和运营心智方面，真正意义上把用户放在中心位置。

二、精准营销的实现基础

精准营销依赖于数字化营销。营销领域针对不同人群的营销尝试早已有之，从来没有停止过，但为什么"懂我"的概念到这几年才能真正意义上部分实现？答案是因为营销数字化发展。

在信息化时代之前，营销主要依赖线下与有限的媒体，像是报纸、广播、电视等。这些渠道的一个共同特点是，展示信息都是公开一致的。比如，两个人坐在一起看电视，存在对相同画面内容的不同理解，但不存在两个人看到了不一样的画面内容。缺乏个体独立的信息获取渠道,导致大家的内容获取缺乏差异性。

在那个年代,营销只能尽可能推测并博得"多数人"的认同感,鱼与熊掌无法兼得。

而在信息化时代,PC、手机等个人硬件设备,在技术上给差异化营销内容带来了可能性。以软件为载体,个性化内容端倪渐生,鱼和熊掌有了兼得的硬件基础。但在软件与内容层面,无法很好地识别用户特征,因此依然无法很好地实现因人而异、因人制宜的营销内容。

这就好比,两个人终于有了各自的电视机,理论上可以给两个人看不同画面内容,但事实上同时间只有一部电视剧,内容相对单一的同时,也不知道不同观众分别喜欢什么。

到了数字化的时代,营销开始了全面数字化。用户数据终于可以通过各类数字化渠道进行积累。通过大数据的统计分析能力,可以计算出共性、相关性并揣测用户意图,从而一定程度地预测用户行为,甚至是引导用户发生某些行为。这几年迅速发展的人工智能更是让大数据如虎添翼,大数据具有了更强的智能化,能更好地归纳、识别与预测用户的心智动机和行为表现。

数字营销的核心竞争力是数字化 IT 与实施能力。从数据采集、数据分析、精准运营、投放触达,每一步都需要数字化 IT 能力做支持。这个能力既可以是企业自有的,也可以是依赖第三方平台与解决方案的,更可以是混合的。

所以对于第一阶段期的传统零售企业而言,需要业务人员、IT 人员与架构师一同协作来拼凑合理并且完整的精准营销解决方案,处理好数据与业务流程之间的协同关系。同时,精准营销会一定程度上涉及用户的隐私信息与敏感信息,因此信息安全与合规也是需要直面的一部分。

三、企业如何获得数据

随着时间的推移,技术与理论模型得到发展,数字化精准营销中的数据分析与人群分组也会趋向于丰富、全面与复杂。企业在某个时刻,将会很难知晓未来需要哪些用户数据,需要多细致的数据颗粒度,才能支撑有竞争力的数字化营销策略。

用户的历史数据,没有保存就再也找不回来了。所以最好的方式,就如前面提到的原则那样,把用户事实数据都当作重要的数据资产,尽量多地保存,除非能完全确定现在和将来都不需要某一类数据。

在理论层面简单的原则,到了实践阶段就会面临许多新问题。特别是对于在第一阶段期的传统零售企业而言,我们相信企业也愿意尽量多地保存自己用户的数据,但由于使用的是第三方平台,企业未必能拿到用户数据。所以,企业如何获得精准营销的数据基础,就转化为如何选择营销类第三方平台以及如何谈判商务权益方面的问题了。

传统企业在技术能力与财力足够的情况下,可以考虑在业务流程的各个集成点,尽量多保留一部分数据。

同时,即使企业已经很大程度地掌握和沉淀用户数据,依然可以继续和平台在跨行业、跨品牌以及通用数据上进行合作。这种通过企业自有的私域数据整合外部数据的方式,是 MarTech 中被定义成为"集成平台即为服务"(integration platform as a service,iPaaS)的一种典型体现。iPaaS 的这类数据集成在实际业务场景使用中,已经形成如下几个实践模式。

(1)消费者唯一标识判定与地理标记。零售行业是一个受众客群广泛、对地理位置相对敏感的行业。对消费者的设备标示、手机号等相关信息的整合,可以帮助零售企业将在数据层面看到的客户与实际的人做更有效准确的关联,从而可以更全面地形成用户画像。对于那些会员在客户中占比相对小的传统零售企业而言,日常处理的都是不具有唯一性标识的客户,这对于积累用户画像是巨大挑战。而这类iPaaS服务和平台可以弥补这类企业的数据收集劣势,帮助企业形成完整的用户画像,从而让营销能够真正做到"精准"。

(2)地理、人口数据与门店业务扩张参考。有些地图厂商通过自身拥有的地理信息,如街道、小区、行政区划等,结合自身地图、移动应用等相关方式获得的人群日常流动信息,可以给传统零售企业提供门店业务扩张的参考。门店业务扩张可以是常见的门店选址,也可以在既有的店内部署O2O范畴的业务。第三方公司所提供的地理与人群数据,可以帮助企业评估与预测O2O业务量。一些外卖平台也会使用这些数据来部署骑手的运力。

(3)消费需求的推测。之前一直被当作成功案例的"啤酒与尿布"的故事,究竟真的是一个成功案例,还是一个营销"段子",我们无从考证。但人的需求有直观或者隐藏的相关性,是一个容易被理解的事实。iPaaS的服务提供商在和企业的数据做了用户标示的匹配关联之后,有能力给予企业用户不同或者相同业态的消费数据,从而帮助企业判断自己的营销应该以什么方式和内容触达。

iPaaS不仅帮助企业获得自身业务不覆盖、不触达的数据,有时候企业自身业务的数据也需要通过iPaaS的方式来获得。譬如,企业在电商平台上运营,企业虽然知道自己的订单与销量,但是买家的身份标识是经平台脱敏的,企业依然无法独立地建立用户画像,只能依赖iPaaS来补全信息与数据。

iPaaS在这里仅是抛砖引玉,并不表示这是唯一或者是最好的方式。企业还可以通过例如异业合作,特别是数字化业务上的异业合作来相互提升数据积累。这样的异业合作的关系也可以更深入、更持久,从业务到数字化渠道,再到实际数据的产生和留存,开展数字化全链路的异业合作。还是那句话,提升观念和打开思维,在数字化转型中可以获得更多的业务机遇。

第四节 营销的自动化与智能化

当精准营销在企业内部被普及之后,营销运营能力不足就会成为企业精准营销实践中的显著问题。精准营销的运营工作量与复杂度,与需要做个性差异化的渠道个数、业务流程变化个数、因人群而划分的内容个数等都成正比。由此产生的排列组合数呈现指数级增长,与之相比,运营的人力会很快成为瓶颈。为了不让精准营销的发展带来指数级别提升的人力成本,营销的自动化与智能化就是一个必然。

营销运营的自动化与智能化之间有着很强的因果关系。从业务的视角看,自动化是智能化的基础,智能化在实际使用中一定包含了自动化。一个没有自动化的智能化对业务是没有价值的。但从技术的视角看,在一定发展阶段以后,智能化是自动化的基础,没有智能化是无法深度进行自动化的。所以整体是从初级自动化到智能化再到高级自动化(或者叫智能自动化)的演进过程。自动化与智能化是能保持演进过程的重要两点,需要共同前进,相互支持(图4.5展示了营销自动化的涵盖内容)。

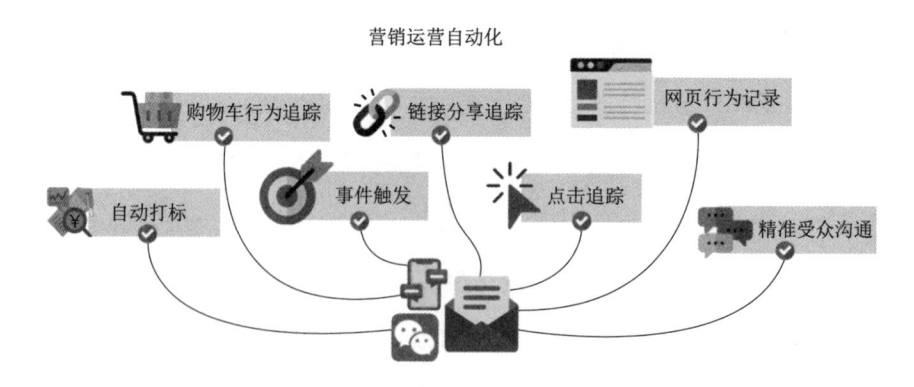

图4.5 营销自动化涵盖内容示意

在这个前进的过程中,业务、产品与 IT 需要密切配合不断构建和强化数字化营销能力。结合传统零售企业的业务场景与 IT 的发展规律,传统零售企业数字化营销的智能自动化的演进过程会涉及以下三个方面:营销内容模板化与规则化、业务结构统一化与标准化、业务数据归因化与闭环化。伴随着这些方面与特征的达成,自动化与智能化才能在数字化营销领域扩大应用面,更好地把人放在战略战术决策的位置,而把执行的复杂度与工作量都交给计算机去完成,在增强客户体验和员工体验的同时,给企业降本增效。

一、营销自动化的理解口径

营销自动化是数字化转型当下和未来很长一段时间内,企业和各类数字化解决方案厂商都重点关注的领域。然而,不同角色和不同企业出于自身利益需要,对营销自动化的范围有着不同定义。在这些不同的背后,企业所需要的能力和自动化能产生的价值也都是大不相同的。所以,需要先理解营销自动化到底都有哪些不同的理解口径。

既然自动化不是天然就有的,那就要先知晓在自动化没有之前,是谁通过手动的方式做了些什么,这样才能实现效率提高。有很多人或者厂商习惯于把营销的所有事情用 AARRR 模型去套用(如图 4.6 所示)。但 AARRR 描述的是抽象宏观的、以顾客为主体的营销策略和方法,与实际运营流程有较大差距。

在日常的营销运营工作中,营销活动是一个相对复杂和常见的工作内容。因此营销自动化所帮助的主体,是日常工作负责营销活动运营的个人,营销自动化的全称其实应该是营销运营自动化。所以,可以用营销活动的具体流程来归纳总结自动化的范围。

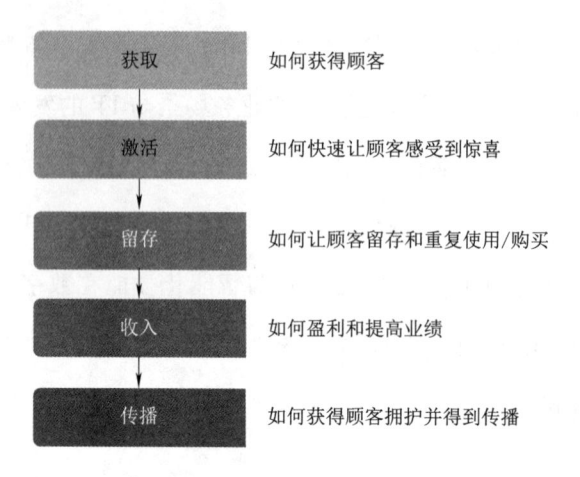

```
获取        如何获得顾客
 ↓
激活        如何快速让顾客感受到惊喜
 ↓
留存        如何让顾客留存和重复使用/购买
 ↓
收入        如何盈利和提高业绩
 ↓
传播        如何获得顾客拥护并得到传播
```

图 4.6　AARRR 模型

营销活动的运营流程分为三个阶段，分别是计划、实现和事后的评估分析。每个阶段需要做的工作项如图 4.7 所示依次排列。由于不同企业和不同具体业态的实际工作量有较大差异，因此图中的内容尽可能地覆盖大多数场景下的营销运营流程，为读者提供参考。

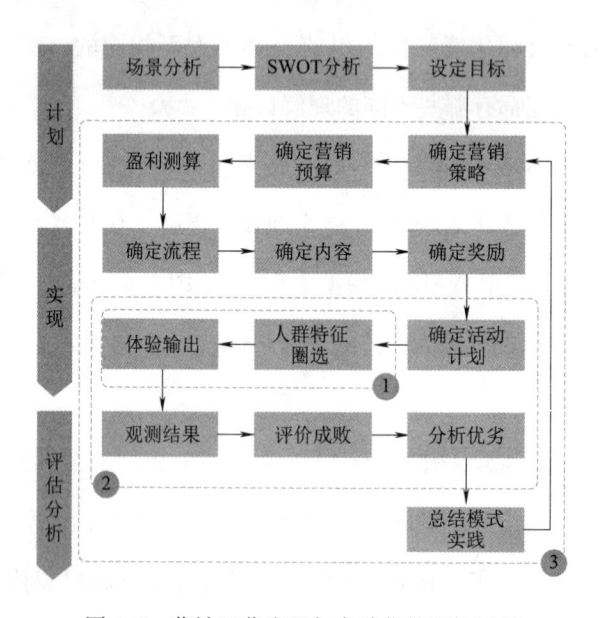

图 4.7　营销运营流程与自动化的理解口径

图4.7中的三个数字标号的虚线框表达三个不同的营销自动化范围。不同的范围既表现了不同维度的思考与关注，也是营销自动化这个领域历史的发展轨迹的印证。

标记为1的范围，可以自动化地执行动态的标签和人群圈定。在营销自动化概念产生的早期，也就是通过人群标签来实现精细化运营的早期，业务数据产生的标签和对应的人群圈选，都需要人工手动干预和维护。大数据平台、标签工厂和营销系统之间，有很多时候没有非常好的系统集成而需要人工导入导出。

由于一般营销活动会举行一段时间，因此如何不断更新业务数据，将其实时地追加到现有的用户标签/人群分类体系中，是业务层面非常重视的工作。在没有自动化能力的情况下，标签的更新通常只能以天为单位来进行，并且还需要耗费人力做数据的"搬运工"，以及检查各个环节数据的正确性。所以，给业务数据打标签以及动态更新圈定的人群，就是标记1所表示的执行自动化部分的范围。

标记为2的范围，能够自动化地分析和总结。当营销的执行部分都可以以自动化方式来更新数据以后，每次营销活动结束后对效果的分析总结，就成为下一个需要被自动化的部分。对于传统零售的营销效果而言，那些指标都是相对通用的，如客单价、订单数量、商品分类、分享次数等。人工分析不仅耗时，还有较高的经验门槛。

而通过这些指标维度去分析不同标签和人群圈选对应的贡献度和效果，就可以轻易地总结出需要被重点关注和人工决策的标签和人群圈选，从而加速分析进程。有时，理性的自动化数据分析层面可能会得出一些常识不曾想到，甚至是有违常理的结果。这个时候，通过进一步排查，可以获得客观的归因，从而更好地帮助营销运营良性迭代。

分析和总结可以被自动化以后,不仅可以提高整体营销运营的效率,还具备更好的动态试错能力。营销维度是复杂多样的,营销效果也是动态多变的。因此,在具体实践中,常常会使用A/B测试的方法来验证一些基本的猜想。标记2的范围覆盖了标记1的范围。因此,当逻辑标记2对应的范围时,就有能力做到在营销活动中,自动化地分析A/B测试结果,动态调整用户标签和人群圈选规则,构成不断调整、观察、优化的闭环。自动化能推动营销运营的优化。

标记为3的范围能够形成一个更大更完整的闭环,可以覆盖计划、实现和评估分析。这个范围的自动化包含了很强很丰富的智能化能力,并且在极致的情况下,可以完全摆脱人为干预,自主有计划地实现一次次营销活动。

在之前两个标记的圈内,核心的决策、内容的提供等都需要人的参与,自动化是作为一种无法脱离人工作的生产力工具。而在标记3中,虽然依然需要人的参与来时不时地调整内容模板、智能决策等方面,或者因为新的营销渠道和方式而改进优化整个自动化流程,但人在这里的作用更多的是指导和训练,让自动化可以运行得更好。营销人员可以更专注于营销战略和策略,更多发挥创意和主观能动性的部分,把重复烦琐的执行任务部分都交由自动化处理。

三个不同口径的营销自动化,是在精细化营销领域依次实现平台化、自动化和智能化的路径。每个口径中,自动化都有一个不断递增的过程。因此,在过程中,要顾全长期需要和平衡短期能实现的天平,这是一个具有挑战性的工作。

二、营销内容模板化与规则化

在引入人工智能之前,计算机只能执行逻辑,无法产生逻辑。所以这个阶段的智能化只能通过人为配置规则来实现有限的智能化/自动化,计算机本身不具有独立决策能力。

举个例子。营销团队希望在每月第一天,给所有过去三个月没有下过单的钻石会员发送营销通知,尝试激活会员活跃度。这就是一个基于简单规则的自动化,计算机可以基于这个规则定期重复执行。在这个基础上若想引入初级的智能化效果,可以将规则改成诸如:每个月第一天,给过去三个月没有下过单的钻石等级会员中,总下单金额前30%的那部分会员发送营销通知。这个30%虽然是一个人为预设的固定值,但由于这是一个基于业务统计的相对值,随着时间推移和业务量的实际发生与变化,实际每次圈选出来的会员是不一样的,形成了一个有限的动态化效果。

规则的配置机制可以使用在营销的方方面面,除了如上面例子所示的营销参与者圈选,还可以用在沟通渠道的选择、营销体验与流程的变化、促销、奖品的动态选择等各个环节。营销的事前、事中与事后都可以灵活施加规则化,以增加内容形式的多样性,并简化运营人力。通过这些环节的规划差异,可以组合出可控的多样性体验。比如,以4种规则尝试圈人参与,再以3个规则分出不同的营销玩法(流程或者目标),这样发放促销的多样性有多达12种不同的促销结果。随着决策节点数量的变化以及每个决策节点内部具体规则的变化,营销策略的丰富度可以大大提升。

规则的配置能力,除了不断扩展的业务数据读取和自身的运算逻辑设置,还可以增加条件过滤与相互优先级。通过多条规则的优先级顺序与规则内容的合理配置,利用规则运行结果(采纳执行或拒绝)对营销流程与状态的影响,可以实现一定程度的智能化。虽然这样的智能化无法达到可以自我学习的程度,但是在数据统计的配合与合理的配置下,对营销业务执行预定义的圈人与个性化决策,在模型与理论上是足够的。

然而，传统企业在实践中，通过规则配置带来的自动化与智能化却常常不尽如人意。这些不尽如人意可以体现在很多方面，究其根本原因，是业务人员与IT人员的专业背景差异所致。

规则体系的架构设计，一方面需要IT人员对业务的全景有足够的了解，可以全面考虑规则的应用主体以及可能的边界场景，从而更好地支持业务短、中、长期的发展；另一方面，也需要业务人员有一定的IT心智，能理解不同规则体系的优势与局限，不会天马行空地提出需求，也不会朝令夕改。

在营销领域体系化建立"规则"的情况下，对规则体系的更改容易波及业务，产生难以预测的数据混乱。所以，在构建与持续迭代数字化营销规则体系的时候，需要能充分理解业务与IT的人来协助双方，建立双方都能理解并认可的规则。

通常，并不会在业务或IT团队中寻找合适的人去理解另一边。一方面是因为"隔行如隔山"，专业背景有差异，想在既有团队中找到合适人选来跨越专业背景并被对方认可是可遇不可求的；另一方面是因为传统企业内部复杂的组织关系，天然造成了不可逾越的认知偏见。

因此，常规做法是在外部寻找有数字化转型经验的资深架构师作为业务与IT两边的桥梁，客观、中立和公允地在两边做战略指导，平衡双方决策影响，促使整个营销规则体系可以求同存异，保持一致性地不断迭代升级数字化营销规则体系的能力边界与应用范围，持续降低人力运营成本，实现降本增效。

为了配合规则判定的动态结果，前端体验、视觉效果和文案方面都需要有对应差异化、个性化的工作。这个时候，模板化的优势就显而易见了。不论是整体流程层面上的模板化，还是某个流程节点上千人千面文案和视觉效果上的模板化,都在体验的一致性与连贯性、营销能力的灵活性与复用性上,配合规则化发挥积极的作用。鉴于模板化与规则化在体系化架构设计层面的高度相关性,在规划、构建与使用它们的过程中需要一并考虑,避免模板化因其不足而成为木桶中最短的那块板。

三、业务结构统一化与标准化

随着模板化与规则化的逐步深入,业务结构统一化与标准化的需求跟着浮出了水面。统一化与标准化的业务结构会在两个阶段被强化来提升自动化与智能化。

第一个阶段是针对单次营销的准备与执行阶段。这个部分在做模板化与规则化的时候,是相对容易被意识到和一同考虑的。为了使模板化与规则化可以更好地通用与重用,必须要针对业务设计出抽象、标准统一的数据模型。业务数据模型结构越趋于结构化,未来可扩展的空间就会越大、成本越小、提升越快。从如何划定和圈选人群的模型,到如何制定个性化千人千面模板的策略模型,再到如何发放奖品和促销的营销资产模型等,都是需要业务与IT在共用的业务全景下,协作产生统一化与标准化。

第二个阶段是针对多次营销的总结阶段。这个阶段将数字化营销自动化与智能化的业务价值往上提升一个层次。对于一个高频或连续开展营销活动的传统零售企业而言,营销部门和人员往往会总结前一次营销经验,以此调整后一次营销的人群、营销流程、文案、促销内容等。随着次数的增加,这个营销调整策略的考量点,是可以形成固定模式的。这个固定模式的产生过程,也是一个可以同步产生关于营销效果、归因、成本、个性化文案选择等方面标准统一的量化模型的过程。业务结构与策略标准化的稳定实施,配合营销内容的模板化与规则化,给营销运营全链路的自动化与智能化构建了基础。

四、业务数据归因化与闭环化

业务结构的标准化与统一化，是构建营销运营全链路自动化与智能化的必要条件之一。除此之外，还需要有业务数据归因化和闭环化的加持，配合人工智能的模型与深度学习，才能在真正意义上实践出全链路的自动化与智能化。业务数据归因化和闭环化，是从两个不同的切入点来构建自动化与智能化所需的人工智能机器学习的数据与环境。

数据归因化是归纳每次营销运营活动中的变量值与实际效果值之间的关系。比如，在一次营销活动中，以某规则圈定100个人，并只用短信通知每个人得到1张满100减10元的优惠券。其中的圈人规则、100个人的规模数、满100减10元的优惠力度以及以短信作为沟通的方式，这些都是营销运营活动中的变量值。而如果这个营销活动的结果是80个人领了优惠券，其中的20个人使用了优惠券，那么这两个数字就是该次营销活动实际的效果值。

数据可以从事实角度帮助企业发现潜在的因果规律，因此在理想情况下，所有能被识别的变量值与结果值都应该被记录。即使受限于企业的各项能力而暂时无法发挥数据价值，原则上也应该保存，因为所有的客户数据都是重要的数字化资产，不可再生。

而数据的闭环化强调需要持续地进行数据积累和归因，并通过后续的试错来验证归因的准确度。不论某个归因是专家驱动的经验和建议，还是数据驱动的统计和预测，归因的有效性总是需要结合企业自身业态，在对应的场景下得到广泛验证。通过不断验证，归因能力逐步在精准度上得到提升。精准度的提升既表现为从简单的定性归因上升到定量归因，也表现为获得更完整归因因素。这能获得与真实情况更接近的预测效果。

归因化与闭环化可以相互配合，适配不一样的场景。举个例子，把闭环的范围从一个完整的宏观的营销活动缩小到一个或者几个用户的局部操作,归因就可以相应缩小到场景下用户的特定意图。比如,在一个营销活动的商品页,当一个用户反复浏览一个商品,但是放入购物车后迟迟没有购买,结合用户的画像特征可以判断购买意愿,以及影响下单的关键阻碍。

第五节　营销私域化

最近的一两年,传统零售企业对私域营销的关注度越来越高,有越来越多的企业尝试花更多的努力来提高营销中私域部分的比例。目前看来,这个方向是明智且会被加速的。随着越发严格的个人隐私保护,与数据安全相关的法律法规推行,靠互联网平台的高流量、高质量数据和强大算法来辅助企业做营销的模式已经逐渐走向衰落。传统零售企业的营销私域化将成为主流的趋势。

互联网平台的公域营销能持续很久,发展壮大到今日的局面的原因,是传统零售企业与互联网平台企业可以各取所需、实现双赢。对传统零售企业而言,获得了有效的客群和流量,还不用以沉没成本的方式直接承担复杂的系统开发维护的开销;而对互联网平台公司而言,数据和流量得以收益,并同时得到了更多的数据。

传统零售企业在使用了多个电商平台后,依然可以将那个销售渠道的订单同步回自己的私域里,通过用户标示的合并,形成更完整的"会员通",达成自身全渠道版图。在体验上,顾客依然可以在一个地方看到所有品牌自营渠道上的订单,甚至可以通过互联网电商平台与线下门店的组合,创新O2O业务流程。

所以，传统零售企业有意愿与那些有流量和渠道能力的平台合作，相互成为对方业务生态的一部分，打造自身的全渠道零售。

但现在，法律法规完善，让传统零售企业通过第三方平台来组成自身全渠道零售版图的挑战变大了，也使得互联网企业的流量收益遇到阻碍。原本可以跨渠道甚至是全渠道的数字化业务架构，可能因此被迫降级成多渠道架构。虽然对于特别知名的企业而言，与互联网平台之间总是可以以各种各样的方法来使得数据合理合法地维持打通，但广大的中小品牌可能会面临更高的技术门槛。

由此，互联网平台与传统零售企业的模式从一开始的双赢变成了零和，传统零售企业不得不投入大量资源去自建电商、视频系统等原先互联网平台能廉价提供的数字化能力。跨渠道和全渠道模式下的营销不得不更多地转向企业私域，而互联网平台也终将和传统零售企业争抢属于各自的流量。

第六节　营销与销售融合一体化

当企业主要经营的还是线下门店时，虽然有品类与品牌差异，营销侧重也会有所区别，但营销还是遵循相对明显的阶段性界限。在以触达用户与促销内容为主的售前营销活动之后，是潜客转化为客户的销售活动，然后是售后、忠诚度营销，阶段清晰明确。

而在数字化的渠道与商业模式下，营销与销售在不断融合。如果你细心观察目前数字化转型做得比较领先的品牌，在它们的数字化渠道上下单，会出现越来越多营销与销售相互混合的现象。

举个例子,在某品牌的 App 浏览和下单时,之前的步骤通常是,给一个促销的广告,感兴趣后点了进去,然后通过选商品、计算优惠和凑单满减,开开心心地下订单。成单以后整个营销和销售的过程就结束了。而在新的下单体验中,除了能看到促销广告之外,在加购环节、购物车和结算过程的体验中,都会以各种方式引导加购更多商品。商品推荐和促销的环节与加购环节反反复复,不断推动客单价和销售业绩提高。

同样,以经销业态为主的传统品牌零售,也在往营销与销售一体化的方向走。一个很典型和成功的模式就是直播带货。原先,传媒与渠道是相互独立的,甚至有时,在电视上看到某品牌新品,要过一段时间才能在线下的商超里看到。而现在,通过直播等途径,营销的同时,就可以直接下单,实现营销与销售一体化的"所见即所得"。

营销与销售的混合模式丰富多样。可以是提升客单价与销售量的,比如上述例子;也可以是与品牌建设挂钩的,在结算下单的环节增加某些非营利性活动的参加资格;还可以是单纯与企业数字化渠道推广挂钩的,比如在过程中推荐企业 App、小程序或自有的支付平台,等等。

营销与销售的混合化在客观上变相增加了消费者的购买决策链路,但是同时又给了消费者强烈的"占了便宜"的心理获得感。精准化和社交化相互组合串联,将衍生更多的营销策略,这也是数字化营销的价值所在。

小　　结

本章要点:

　　✧ MarTech 的分类与增长趋势,反映着数字化营销的发展重心与趋势。

◇ 零售企业的社交营销必然很大程度上依附于主流社交平台，并通过主流社交平台来引流与产生交互。

◇ 熟客社交，不仅是为了销售的数字，更是为了顾客的整体体验。对企业而言，门店在所在的社区，承担除业务之外的职能和服务，也是一种提升品牌影响力和传播文化的好方式。数字化转型是以顾客体验为中心，所以对传统零售而言，熟客社交提高了顾客体验并增进了人与人的社交连接，也算是一种回归初心和人本主义的实践。

◇ 数字营销的核心竞争力是数字化IT思维与实施能力。从数据采集、数据分析、精准运营、投放触达，每一步都需要数字化IT能力做支持。这个能力既可以是企业自有的，也可以是依赖第三方平台与解决方案的，更可以是混合的。

◇ 三个不同口径的营销自动化，是数字化能力在精细化营销领域依次实现平台化、自动化和智能化的路径。每个口径中，自动化的程度也有一个不断覆盖的过程。平衡长期需要和短期实现的天平，是一个充满挑战性的工作。

◇ 随着越发严格的个人隐私保护法以及与数据安全相关法律法规的施行，靠互联网平台的高流量、高质量数据和强大算法来辅助企业做营销的模式已经走向衰落。传统零售企业的营销私域化将成为主流趋势。

思考与行动：

通过本章的阅读，请思考和回答以下问题：

(1) 贵公司是否开启了私域营销？

(2) 贵公司是如何切入精准营销领域的？

# 第五章

线上到线下（O2O）

门店销售，一直都是传统零售企业的立足之本。经营活动、业绩统计都以门店为基本单位，因此传统零售企业非常看重线上业务与线下门店的数字化融合。

线上到线下（online to offline，O2O）是传统零售企业推动销售能力提升的普遍实践。在这一过程中，门店将会是重要参与者，同时也是重点受益者。

就目前为止，不论传统零售企业的数字化转型走得多远、经验多丰富、取得多少成功，线下门店依然是主要的履约主体。多样的数字化渠道与丰富的营销体验背后，往往都是以线下门店为载体，特别是对于有鲜食类商品的企业而言。

因此，传统零售企业希望推动营销数字化的时候，需要考虑门店运营的工作量与承载能力，并应思考如何通过数字化，让门店运营有更大的灵活性。通常，门店POS必然会涉及其中，并显著影响数字化能力赋能门店运营的方式、程度以及效果。

第一节　O2O 场景逻辑

不同业态的传统零售企业有各自 O2O 的场景应用。线上下单线下门店取(online ordering & pickup, OOP)与线上下单送上门(online ordering & delivery, OOD)是常见的门店赋能模式。

一、OOP：通勤必备

OOP 模式适用于点单繁忙或是沟通成本较高的零售业态，能解决因 POS 资源有限而导致的成单影响，并在此基础上继续累加增值能力。

从顾客体验的角度，OOP 模式的初始应用逻辑单纯又直接，就是通过数字化渠道来解决收银台资源的限制，让顾客可以获得自己的下单渠道，不影响他人也不被他人影响。OOP 在日常中的典型场景，就是上班族在通勤时，通过 OOP 的在线下单能力来大幅节省到店排队的时间，节省通勤时间。

相信大家有过类似的经历和体验，在快餐或者饮料店的吧台前，有一个长长的点单队伍，队伍中时不时有顾客用大量时间和店员沟通，严重影响了后续顾客耐心，甚至导致后续顾客中途离开。造成吧台拥塞的情况有各种主客观原因，可能是因为顾客不熟悉商品，可能顾客是一个犹豫的人，也可能是因为顾客下单量较大，还可能是因为商品有复杂的定制化环节，等等。而这些五花八门的原因，都可以通过让顾客以手机下单的方式来灵活规避。

从企业运营的角度，OOP 模式的收益也显而易见，避免顾客下单之间的相互冲突，减少因此而放弃成单的可能，更重要的是，OOP 模式在提高顾客数字化下单体验的同时，还一定程度地降低了门店的运营成本。

对门店而言，场地就是成本，更少的 POS 和更小的吧台，就等于更少的开店成本。更少的 POS 同时意味着更少的点单业务员，而零售行业的店员流转率一直是比较高的，所以不管是人力成本还是培训与管理成本，都可以大幅节省。

有些传统零售企业在使用了 OOP 的模式以后，甚至主动地减少既有门店的 POS 配置。

传统零售企业在落地 OOP 模式的时候，需要考量 POS 的集成能力，以及门店协同能力。这个集成能力从商品、订单、库存三大方面构建了 OOP 模式与门店运营的协同能力。如果没有这样的协同能力，那 OOP 模式很可能会反过来增加门店运营的成本和消耗，拉低客户的体验，并最终影响品牌和业绩。顾客体验侧的运营影响，会进一步影响企业侧在财务、供应链等方面的运营与管理。

传统企业应当将 OOP 模式看作每个顾客手里的多功能虚拟吧台，以"引入新的吧台运营"的心态来处理 OOP 模式的落地应用。数字化赋能在帮助传统零售企业节省场地、设备和人员的同时，也带来了虚拟吧台更多的灵活性和能力。正确面对 OOP 模式的运营才能扬长避短、事半功倍。

二、OOD："偷懒神器"

从时间上看，OOD 模式的广泛应用早于 OOP 模式，但从数字化运营的角度来看，OOD 模式是以 OOP 模式为基础的。如图 5.1 所示，OOD 模式可以被简单地理解成在 OOP 模式的履约环节上，增加了取货与送货上门。

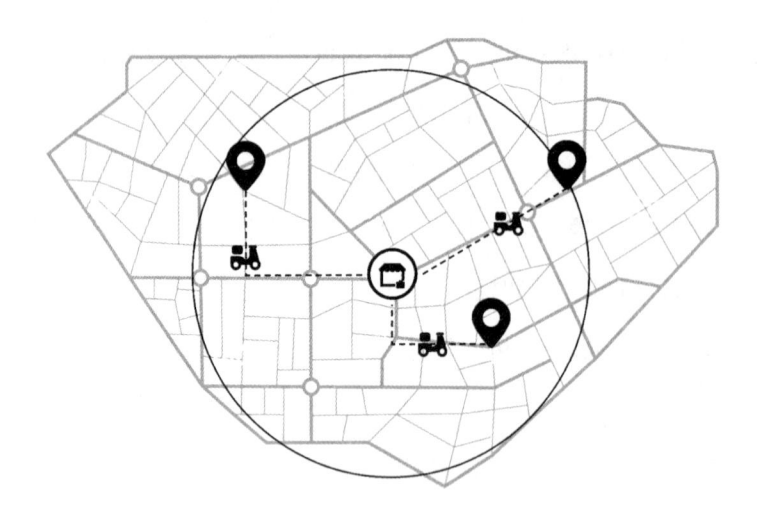

图 5.1　OOD 履约环节示意图

因此，OOD 模式除了有 OOP 模式的所有优势之外，还能在便捷度上更进一步。在实际的工作生活中，顾客因繁忙而无暇去门店的场景下，就可以通过 OOD 模式来实现"偷懒"。

由于引入了运力因素，整个运营和履约就不仅是 POS 的协同问题，还需要和第三方运力提供商有更好的数据互通与业务协同。同时，顾客体验也不再仅是门店的控制范围，对门店而言送货上门是一个不可控环节。这些差别会衍生出更多挑战。

（1）OOD 模式不仅需要和 POS 做能力对接与业务协同，还需要与第三方的运力提供商进行三方协同，甚至是多个第三方运力提供商的协同。其中必然会引入复杂的 IT 系统交互，复杂与灵活的系统集成，以及由此产生的系统安全、网络安全与数据安全等一系列安全问题。一系列的系统互通还会引入包括用户隐私问题在内的各类合规问题。

（2）传统零售企业在产品包装上需要适应运输要求，需要考虑如何在运输过程中尽可能保护包装完好、避免商品损坏。如果是鲜食商品，还要考虑保存温度、送达时间等因素，以及潜在的人为食品安全问题。

（3）由于第三方的不可控因素，在客诉问题上，会有更复杂的归因和处理流程。同时，商品毕竟是从门店出货履约的，门店也不得不牵扯进一系列纠纷中。在应用 OOD 模式之前，传统零售企业与顾客的交互行为都局限在可控范畴，即使企业使用诸如代理、加盟等非自营模式，但从品牌与各类流程来说还是大体一致的。而应用了 OOD 模式以后，履约最终的确认环节超出了零售企业的控制范围，使得一旦有了客诉纠纷，要拉着第三方一同处理，使得取证、确认、协调、处理等各个步骤都变得低效，从而影响顾客体验与品牌形象。

虽然 OOD 模式能给予传统零售企业更完整的解决方案覆盖，相比于 OOP 模式也更容易应用和落地，但在带来业绩提升的实践中，也给门店运营带来许多新挑战。传统零售企业在选择 OOD 模式前，不仅要想清楚如何让 OOD 模式融入门店业务与运营，更需要计划好不同业态下容易产生的纠纷以及对应处置流程。

三、预约能力

在现实中，OOP 模式常常可以叠加预约能力成为"预约到店"的新模式，来完善和扩展原本传统零售中两大类型的场景。这两大类型的场景背后，预约目标是完全不同的。

1. 精确取货时间的需求

OOP 模式在场景实现时，由于下单渠道在顾客侧的独占性，顾客对何时何地下单有了充分的决定权与把握能力。这个场景在针对餐食类业务时，很自然地会被扩展成另一个场景，那就是顾客在能够预估餐食制作提前量的情况下，就可以实现"途中在线下单，到店即取"的效果。OOD 模式针对餐食也是类似方式。因此，传统零售企业在实现 OOD 与 OOP 模式时，能为顾客提供更完整的服务内容。

"预约到店"的能力给了白领、商务人士等消费者在通勤场景下的极大便利。这类人群既有相对多的消费需求与相对高的消费力，同时对便利性也更为敏感。因此，OOP模式的预约能力被广大传统零售企业认为是能快速提升业务竞争力的利器。

然而在实践中，想要把预约能力真正有效地应用起来，并不是想象中那么简单。

(1)通勤与正餐有着极其相近的时间段，俗称高峰时段，因此，当大家都偏好使用预约来规划时间时，就会产生订单聚集与交易拥塞。门店的接待量在一个时间段内无法无限提升，特别是对餐食类运营而言更是如此。

因此，数字化IT侧如何与门店运营一起来实现更动态、实时和智能的评估与调整，是解决这一挑战的关键。在解决的过程中，不仅需要数字化侧更全面、实时、精准的数据收集，也需要门店运营的效率与吞吐量能有被量化的科学模型。

每个门店的周围环境不尽相同，如何以合理的评估开始，不断通过数据与实践对每个门店的运营细节进行修正，是IT与运营团队长期要面对的艰巨挑战。除了有对时间的预估之外，相关物料扣减与库存数量的准确度要求，也需要跟着上一个台阶。

(2)需要有运营与善后的能力。预约时间没法及时地履约、顾客选错了门店、输错了地址等都是常有的事。在这个过程中，门店需要与顾客沟通，要提前准备有妥善处理各式各样问题的流程，以及预备物料损耗的流程。

(3)财务限制。传统零售行业的交易模式一直都是"一手交钱、一手交货"，一般情况下，物权转移与财务收款从财务账角度应当一起发生。传统零售的门店一般以天为财务与物权交割的期限。如果只预约不收钱，对企业而言增加不必要的风险和运营损失,但如果收了钱,只能实现当天的预约订单,事实上限制了一部分传统零售企业的预约能力发挥。想要实现隔日预约单来突破财务合规上的限制,则需要在业务体验、IT 与财务上相互妥协,通过一些体验侧无法感知或者感知不明显的业务流程来合理地规避这些问题,比如,使用代金券作为中间媒介来传导交易过程。而这些都需要测试与实践。

2. 商品物权或资格的保留

除了常见的通勤场景下对取餐食的预约需求,另一类预约需求场景就是对于稀有商品的"抢购"需求。很多时候,顾客很有意愿购买某件"稀有"商品,但因为种种原因无法立即去门店现场购买,确认交易。这个时候,能够线上下单支付的预约能力,就能整合商品保留与预约提领两个方面的能力,帮助顾客远程完成"抢货"。

商品的"稀有"属性是供求关系各种维度上不平衡带来的,可能是因为产出量少,比如限量款、签名款等,也可能是因为顾客需求大于供给能力,比如特殊的身材尺码。此外,建立前置购买资格也能创造"稀有"属性,比如满足特定会员等级。

除了在抢购环节就直接下单支付来确定交易,自然也可以衍生成抢购的只是一个资格,而不是具体的物权。因此,除了同样会面临之前提到的隔天记账与运营善后问题之外,还可能会面临更复杂的财务归属问题,以及业务流程上需要协同的问题。比如顾客没有购买资格,或是涉及退货退款时,这类用于购买资格的费用如何处理,都是复杂的法务与财务问题。

四、更人性化的 O2O

每当传统零售的场景通过数字化手段实现时,尽可能保持原有业务流程，是一个自然且合理的做法。这可以借助顾客对过往流程的熟悉感，提高接受数字化应用的可能性，避免增加顾客学习成本。

顾客对数字化渠道的接受程度和效率越高，推广数字化的速度就越快，宏观地说，业绩能越快越大地提升，门店运营成本可以越快越大地下降。同样，快速适配的优势也能在门店运营、流程制定与员工培训等方面有着相同体现。

还是以OOP模式中顾客点单的场景来举例子。对顾客而言，从门店点单转变为手机在线点单，依然是根据需要先选择门店，只是点单的交互方式转化为自助化，时间与空间显得自由化了。对门店而言，顾客最终还是需要来到门店，只是减少了店员与顾客面对面交互的过程，少了收取现金与找零的烦琐与潜在的假钞风险，而剩下的备货（或出餐）、出货（或出餐）、给顾客到店提供服务、潜在的售后处理等，并没有什么区别。门店的店员需要有一定的培训来熟悉线上点单的流程、顾客可能遇到的问题以及相对应的处理流程。

但如果顾客可以大比例地自行熟悉，对门店店员而言这一任务就很轻松了。与更改门店运营流程相比，这样的学习培训成本，配合潜在的收银员角色比例下降所带来的成本节省，还是相当划算的。这是传统零售企业在设计O2O业务流程时尽可能保留原有业务流程的原因。

但同时，面对满足以下情况的传统零售企业，在O2O场景中同时支持"先选商品再选门店"的概念将会给顾客提供更好的体验，并且协助提高门店业绩。

（1）不同的门店商品售卖范围不尽相同；

（2）门店服务负荷有限，常常在一段时间内遭遇经营负荷瓶颈；

（3）一些热卖商品库存量较小，避免下单后店内实际无货的现象。

1. 企业收益

"先选商品再选门店"模式上能获得显著的业务收益。顾客无从知晓不同门店的商品售卖范围差异以及库存情况。通过在O2O模式的菜单上给出区域性的全量菜单,可以尽可能地排除商品售卖范围差异以及库存状态影响,保障顾客体验。对门店而言,这个模式在一定程度上平衡了订单量的门店分布,并在总体上承接了更多的订单。

对于OOD模式而言,只要门店密度满足一定的要求,同时骑手的范围和送达时间能够与门店密度带来的距离差异进行配合,那么对顾客而言,货从门店A出还是从门店B出并不是一个值得关注的问题。

而对于OOP模式而言,则更看重顾客和各门店的距离,这对于取货意愿有关键影响。当然,如果企业有能力以其他方式,在门店之间进行高效的库存转移,就可以变相和OOD模式一样弥补门店距离而导致的下单意愿差别。这对于销售奢侈品、化妆品等高价值商品,并且取货有前置时间的企业而言是值得考虑的。

从传统零售企业的门店运营角度,"先选商品再选门店"变相给了企业在门店业务层面相互支持的能力。当企业对个别门店进行经营调整时,如调整商品范围、商品类别、店员人数等,可以将变化对门店业绩造成的影响降低,从而增加企业运营灵活性,保持业务收益。

2. 门槛与限制

最显而易见的门槛就是门店密度,也就是门店之间的距离。对于餐食、快消这类需求即时性高的业态而言,门店密度是首要考量。如果两个门店差了20公里,履约效率会有明显差异。因此,应重点关注如何圈定不同门店之间相互支持、补位的履约地理范围。

值得注意的是,门店之间的距离,是一个需要"具体问题具体分析"的问题，比如，跨省的两个门店即使距离很近，也无法相互补位，因为受不同的财务与税务约束。又比如，在机场、火车站等区域的两个门店，一个在出发区域，一个在到达区域，顾客明显很难从一个区域便捷地去往另一个区域。在类似情况下，距离很近也无法实现相互补位的目标。

"先选商品再选门店"对产品体验与O2O的下单流程也有一定的能力门槛，特别是在顾客的消费清单必须跨多个店的情况下。比如，因为使用了全菜单，因此顾客选择了多个商品，但这多个商品受实际情况的限制，分别在两个门店中。这时候，体验侧就需要与业务配合，制定相应的应对流程。可以是强制顾客分开下单，那么这样就涉及潜在成本、时间以及是否能合并开票的问题。也可以是引导顾客做选择，确定其中一家门店，并在此单后续的体验中，只显示选择门店的可售商品与库存量。这对于数据集成、协同就有了更高的能力需求。同其他的数字化转型实践的门槛一样，这些限制最终都会包含IT能力的限制。

第二节　门店协同

对于传统零售企业而言，O2O模式最终是为了赋能门店。作为传统零售门店最重要的业务工具，POS在商品、订单与库存等方面扮演重要的管理角色。O2O模式要想真正赋能门店，就势必需要与POS在业务数据上进行互通共享，在业务流程上进行配合。这个协同，甚至可以继续往企业业务管理侧延伸，使数字化能力也能赋能供应链、物流、采购等后端流程，实现全链路的自动化与智能化。

一、业务数据互通

围绕着门店数据、商品数据、订单数据与库存数据,POS与O2O的业务数据互通,是门店与O2O业务协同的基础。O2O能在数字化领域以数字化的能力给门店提升业绩,是需要数据打通与业务协同的。只有O2O的服务端能够感知门店的实时经营状态,才能依靠动态灵活的业务量分发分配,对门店业务进行O2O模式业务上的再平衡,尽量让各个门店能在承受范围内履约O2O零售业务。

1. 门店数据

门店数据在传统零售企业数字化转型的初期并不存在互通的需要,但很重要的是,O2O或者是其他的数字化能力,需要完全掌握门店数据。这些数据的范围包括:企业到底有多少门店,每个门店分别在什么地理位置,门店有没有内部的代号或者业务等级,门店的开关店时间,等等。传统零售业务与O2O本就是围绕门店开展的,因此,先有门店基础数据,才能基于这些数据做商品、订单与库存的数字化管理。

从企业内部管理角度,为了使O2O能获得及时、真实和有效的门店基础数据,在开关店的管理与流程过程中,需要引入直接、有效的数据管理环节。

2. 商品数据

商品数据是POS与O2O运营的基础。如果POS和O2O的系统都不知道能卖什么,以及卖什么价格,就没有承接订单的基础。

虽然理论上说,POS与O2O对应的商品可以完全不相关,彻底差异化,但在实践过程中,传统零售企业还是会优先选择O2O覆盖门店的商品范围,等O2O稳定覆盖后,再考虑结合数字化渠道与场景的新品类。

因此,POS与O2O的商品数据共享就显得格外重要。

由于企业发展的历史原因，有的企业使用POS的过程中，只关注POS实际功能而忽视了数据管理的质量。POS与O2O数据集成过程中，数据质量问题应当优先解决。比如，没有设立统一有效的唯一标识，而是从使用者角度出发，使用POS键位来作为商品或者功能的唯一标识；又比如，同一个商品在不同地区，由于供应商、门店属性（比如加盟）、门店等级等原因，标记成了不同的商品标识。

如图5.2所示，不同层面可以有各自的SKU管理以及相互之间的映射关系，这样既可以满足对前端业务的运营简化和数据汇总，也可以兼顾后端管理的灵活性。

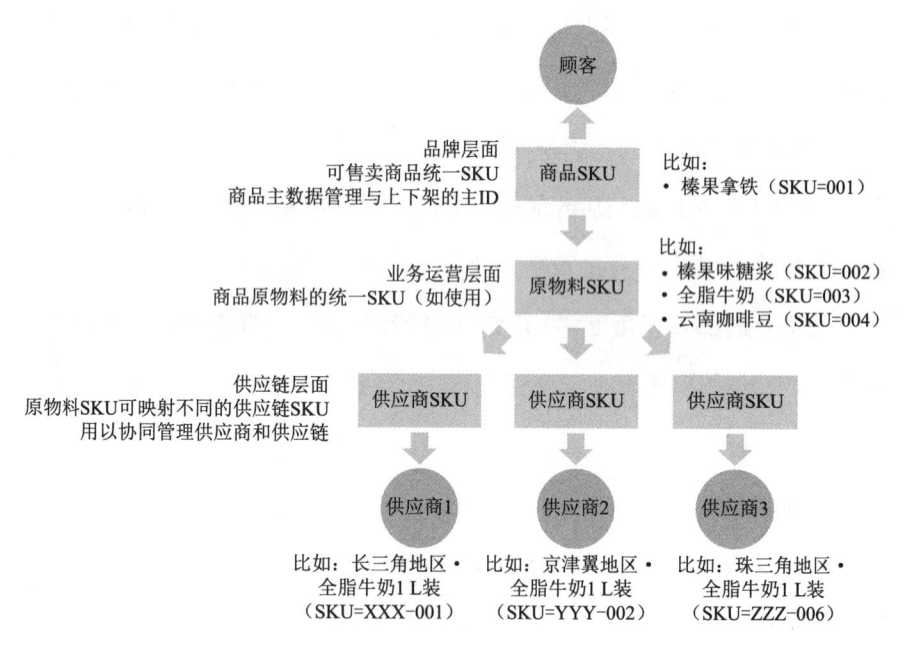

图5.2 商品SKU管理实践

商品管理的业务部门，需要借着O2O的机会，与数字化部门一起重新审视当前的商品数据结构，确保统一、稳定、有效、客观的商品数据结构可以持续赋能业务发展，继而赋能传统商品管理，构建统一化、自动化和智能化的能力。

对于零售企业而言，商品数据是零售数字化业务永远绕不开的核心部分。一旦没有第一时间有效地发现并解决问题，未来必然会给数字化业务的发展带来阻碍，直到最后冒着巨大风险做全局修复，带来不必要的损失。

3. 订单数据

虽然订单多少与业务繁忙程度不是完全的等价关系，但可以很大程度上体现门店业务趋势。如果O2O的中心化能力无法知道每个门店的实时订单量，就无从评估门店业务，从而无法有效地分配数字化渠道产生的在线订单。

门店的业务接待能力总是有瓶颈的。伴随着门店本身的业务高峰期与业务量的差异，当顾客从线下交互转换成在线下单后，O2O模式在自然状态下很大可能会放大这个差异量，因此，无法加以控制的O2O对门店而言可能是一个运营的灾难而不是福音。

O2O订单数据是逐步实现自动化与智能化的重要基础。数字化可以预设阈值，动态全局地控制某个门店OOP或OOD模式的开关，通过OOP与OOD模式的门店选择来平衡履约负载，可以配合营销策略影响用户购买品类的决策，最终全方位地预测门店业务量，推动采购、供应链的自动化与智能化。

在O2O模式的场景下，订单数据是需要多次双向互通的。数字化能力服务端需要门店的线下订单数据来感知业务量，线上订单需要下发到门店进行处理，在处理的过程中，按企业业态和产品体验设计的不同，需要一次或者多次地继续回传给数字化能力服务端，从而以数字化沟通渠道的方式通知顾客，甚至是以系统集成的方式通知第三方平台来继续处理订单履约。

在大量、复杂的交易环境下，如何在技术上保证订单在传输过程中不会丢、不会错，是IT侧需要解决的问题，也是IT在数字化转型的业务中占据核心地位，有别于影子IT的一个表现。同时，技术侧出了问题而影响门店业务时，是否有好的预案对门店业务、顾客体验进行恢复、还原与补偿，有好的技术、流程与方案尽快找出并解决问题，也是IT团队的水平的体现。

4. 库存数据

库存数据与订单数据在O2O模式场景下形成了互为因果的关系。订单的数量影响着库存的扣减，而库存的状态又会影响在线成单与门店的选择。因此，库存数据同样也是O2O模式从线上赋能线下业务的重要基础。

O2O模式在交易渠道上给了每个顾客独占下单能力的同时，却在库存侧引发一个问题。当大家都去门店购买商品的时候，谁手上有商品，商品就归谁。如果有五个商品，第六个人是无法手里拿有商品去结账的。

而线上下单则不同，大家通过远程的方式争夺商品有限库存。虽然数字化的世界里是可以通过技术手段校验库存的，但由于线下门店同时也在进行销售活动，因此，即使是技术实现很完美的情况下，线上与线下依然可能出现库存偏差。

比如，最后一个库存被一个在门店的客人拿走了，并且在排队结账，在这样的情况下，即使线上库存争抢机制很完美，线下与线上库存的同步协调也完美无缺，线上也不会知道最后一个库存已经没有了，因此最终依然有可能产生退单纠纷。这个时候，只能通过业务的流程弥补。

在O2O模式的赋能下，由于业务流程与形式越发丰富，库存概念也会比原本传统门店的库存概念更复杂。

在之前，对传统门店而言，只有实际库存，有多少卖多少，只有常规损耗需要额外扣减库存，没有复杂的逻辑运算。即使是在业态够丰富的情况下，也至多是引入因预约业务需要的未来逻辑库存。比如，当顾客预约7天后到店提领商品时，门店需要综合考虑所有已经在门店的实际库存，以及7天内所有计划到达的逻辑库存,作为整体可以被预约的库存量提供给顾客预约。

而当O2O更广泛地赋能门店和扩展业务场景时,除了之前提到的预约类业务会更顺理成章地被纳入数字化业务部分外,前置仓、门店库存调拨共享等概念也会随着业务扩展,而被引到门店与O2O模式的范围中去。到了那个时候,O2O的数字化能力将不仅是获取库存的数值与状态,更会参与运作和调整。

二、业务流程协同

POS与O2O业务数据的互通,最终是为了业务流程的协同。对传统零售企业而言,门店是零售订单履约的主要负责方。除了大仓直接发货之外,线上与线下的成单履约都会汇集在门店。因此,门店运营流程与O2O的数字化能力之间有着密切相关的业务流程,需要以订单为主体,相互有效地衔接,并充分定义各类订单异常状态下的流程。

在常规的O2O模式场景下,数字化渠道的线上侧一般会负责与顾客进行数字化交互,并最终促使顾客下单。随后订单被流转到门店进行实际履约、交付甚至是售后。在这样的模式规律下,O2O模式的确在数字世界中复制了门店的业务流程。

但数字化转型对于传统零售企业的赋能,不仅是复制,更在于结合线上线下场景与流程,实现对业务模式的创新。下面给出两个非常规的流程协同方向,抛砖引玉。

数字化能力在营销领域有极大优势,在商品售卖之外,一些更具有服务与体验属性的销售类型也可以借助于O2O模式展开。比如,一些品牌的零售企业可以在旗舰店、体验店或者其他场地,开展各类诸如明星见面会、晚会、讲座等互动类活动。数字化渠道可以负责销售门票或者支付订金,随后，门店或场地可以借助预售单进行后续的收款、发货或者服务等。当然，这里的订单完全可以根据企业的需要变成非营利的，那么订单就会变成一种资格凭证，通过线上与线下的流程协同来完成资格确认。

常规的O2O模式中，线上下单线下履约的流程，也可以在特定场景下进行逆向实施。比如，通过POS来对虚拟卡进行充值就是一个典型的场景。POS上可以开发能力来实现输入手机号或者会员卡号之类，标识顾客身份信息，从而帮助顾客充值。

总而言之，O2O的线上与门店及POS的线下流程之间，有着从简单到复杂的流程协同。在可以充分利用线上线下各种优势和开创新业务的同时，也给运营与IT实施带来挑战压力。传统企业需要综合看待自身的能力来进行开拓和实施。

三、企业运营协同

业务开展离不开运营。因此，线上O2O模式与线下门店在业务数据与流程层面有了协同之后，就需要运营层面的协同，从而保证日常传统渠道与数字化渠道的动态平衡。当数字化的管理手段有能力覆盖传统零售经营全链路时，就有了平台化、自动化与智能化的基础。

1. 渠道运营的协同

数字化渠道的运营协同在O2O模式的场景中最为直接。对每个具有O2O模式渠道的门店而言，打开哪几个渠道、什么时间段打开或者是在什么条件下触发打开，都是门店用来调整O2O模式派单与自身业务安排的日常事宜。

由于门店的负责人对日常营收负责，因此，相比于区域性负责人，或者是更高层的业务负责人，通常门店员工与负责人才是对门店及周边潜在影响最熟悉的人。周围商铺有什么活动、学校周末会不会迎来什么考试、补习班时间以及家长会到店规模等,这些都是中心化运营无法感知与预测,却又会大幅影响门店运营的潜在因素。

根据传统零售行业的管理惯例,运营的职能部门一般会以从上到下的层次,配合从粗到细的运营规则与协同流程。落到门店时,门店对O2O模式渠道的控制力是最强的,也是最灵活的。因此,O2O模式需要给予门店控制途径,既能满足网络信息与企业运营的安全,又能让运营更便捷和高效。

除了简单的渠道开关与商品售卖上下架等能力,如果传统零售企业的O2O模式具有了自动化与智能化,门店也可以基于运营模式,设置对应阈值来更好地协助门店实现自动渠道开关、上下架、自动配补货等。企业可以以此为基础,设立整体运营的大屏,实时展示从前端销售到后端供应链的全链路状态,从而更好地做动态规划。

2. 进销存的协同

渠道运营协同关注的是此时此刻,而进销存的协同则关乎门店未来一段时间,数字化渠道会受到哪些潜在因素影响,特别是当某些数字化渠道会销售特有的商品品类时,影响会显得更突出。O2O与进销存是上下游的关系,因此必然会有门店运营层面的协同,并对既有的流程产生促进与影响。

"预约到店"这种附带预约能力的O2O模式业务给了进销存环节很大压力。原本不论供货环节的结构与供求关系是否复杂,最终在门店产生交易的那一刻,还是得要先有货才有得卖。顾客一旦没买到足够的商品,就会催促门店进货,以及提出希望被告知到货的需求。什么时候到货以及到多少货,都不是顾客可以主导的。这样,进货供货环节上的不确定性可以很好地被包容。而到了预约到店模式时,一旦数字化渠道侧接受了顾客的预约订单,只要顾客没有更改需求,原则上门店就应该按照约定履约。进销存以及背后供应链的种种风险,原本被藏在企业运营后端,不被前端顾客感知,而现在开始被前端与顾客侧感知了,进销存将不得不面对订单违约的风险和问题。原本进销存只影响下单的交易部分,演变成了影响下单交易后的履约部分。

在没有O2O模式的业态,并不是没有预约场景,但绝大多数都是采用大仓配合物流直接送货的方式来实现的,比如在线订购蛋糕,在指定时间送到指定地点。但那更多的是针对供应链与生产侧挑战,门店并没有参与其中。

况且那些场景大多数是不容易被退换货的。而O2O预约到店模式则不同,扩大了商品类型的适用性,增加了被退换货的概率,从而使得进销存流程与运营需要更复杂的协同,门店的进销存流程可能会不得不面临高频度的双向货物流转。比如,服装品牌会尝试使用这个方式来让顾客选择就近的门店进行试穿,通过这个方式降低顾客的购买决策链路,提升业绩。但试穿总会有失败的时候,除了能留在门店继续线下售卖的部分,剩下部分会回到仓库或是间接转给其他的门店。正向供货与逆向退货操作上,调度的规则与流程、财务上的处理方法、成本支出的摊派等,都是协同需要覆盖的部分。

传统零售企业的数字化转型的一个方式是提升门店运营自动化,减轻门店运营负荷与劳动强度。O2O模式在销售派单环节实现了对门店业务的动态识别、智能规划后,可以与企业侧运营的数字化能力打通,从而相对应地提升对库存、进货补货的感知。对于带有预约能力的O2O模式而言,配合门店运营的流程改进,可以更大更全地实现自动化,将门店原有的人工采购流程转化为半自动或全自动,洞察更实时的采购需求。

有了进销存的自动化协同,门店的劳动强度可以降低,错误率可以减少,门店管理也可以更细致。员工可以把有限的精力着重放在决策上,而把实际执行交给自动化能力完成。

3. 供应链的协同

O2O模式与门店进销存这一上下游关系,可以继续传递到整个企业计划管理的领域,并借此进一步赋能到整个企业运营上下游,推进与推广平台化、自动化与智能化。

传统零售企业有了门店的经营数据的收集与汇总后,配合商业智能的赋能,企业的业务战略与运营策略可以不断地改进、优化与发展。这些都是宏观层面的统一改进,有助于门店整体的运营提升,但仍然需要微观层面的数字化能力进行补充,从而全面提升门店运营效率。传统零售企业可以借助O2O模式推广落地的契机,强化零售门店数字化能力建设,逐步深化从销售到运营的全面自动化与智能化。

当销售业务与进销存能实现打通,继而与供应链一起形成自动化闭环时,就可以实现一定程度自适应的全链路运营。比如,某门店的某商品卖得特别好,那么在数字化能力感知库存下降以及需要补货的趋势时,就可以自动触发补货流程。当企业品牌旗下众多门店都在因此动态调整自己的补货计划时,企业整体供应链的计划也会随之调整。

倒过来,如果企业的某些环节不能适应及时快速的调整,那么相对不够灵活的部分,可以主导其他两个部分与之相适应。比如,某企业品牌的某商品的进销存是相对不灵活的,以中心仓主配为主,门店卖得好不好都不影响该门店能否补货。那么供应链就基于这个特点来稳定供应计划,前端门店也因此调整可被预约的数量,以及监控库存,做商品售卖的上下架。在商品供应数量比较固定,无法通过计划变更来调整数量时,企业也可以设置门店优先级,来实现自动化的分配操作。

第三节　演进过程中的再平衡

O2O模式的应用让传统零售企业有了满满的获得感。门店业务提升、成本降低,企业会觉得,相较于传统的经营模式,O2O模式应该代替传统模式,并有动机希望O2O业务比重进一步提高。更甚者,会希望门店都变成只接待O2O模式的业务,门店连POS都不需要了。然而,物极必反,O2O模式的引进不会完全淘汰原有的业务流程,而是互补共生,达到再平衡状态。

一、线上线下再平衡

O2O模式客观上的确可以帮助门店提升业绩。退一步说,O2O模式即使没有在引入客流和增加业务量上作出卓越贡献,至少也省去了门店店员接待顾客与订单创建的时间,节省了POS以及相关设备的成本。但从顾客体验的角度,线下门店的常规运营依然有着必要性。

(1)不是所有人都能掌握数字化的下单方式。对于年纪偏大、不能熟练使用智能手机与数字化渠道的顾客,或者是手机没电没网络的客人(如外国游客),传统的门店运营都是这些客群能够与品牌进行往来的方式。

(2)面对面交流互动能产生更大的影响力。O2O模式即使能依靠在线交流的方式进行互动式的沟通,也会因为缺乏现场对表情、语速、肢体语言的捕捉,而让沟通效率与感染力大打折扣。同时,对一些品牌与业态而言,并不是每个顾客都喜欢自助式的购买体验,也有人更喜欢一对一的服务来协助他们决策。这些都是门店渠道不可代替的优势。

(3)顾客有近距离感受甚至是尝试的机会。对于那些对品牌和产品不甚了解的顾客而言，去门店不仅可以直面店员进行商品信息的咨询，也能对实物商品有更加直观的认知。在线图片带来的色差、图片对商品大小带来的误导，以及大多数人对尺寸的不敏感，都决定了对商品近距离观察带来的认知优势。此外，顾客也有机会通过在门店的试用、试吃等，对商品质量与特性有更准确把握，有助于品牌塑造。

（4）门店可创造良好氛围。一些品牌与企业会在黄金地段与商铺位置推出体验店，带给顾客全方位、全感官的体验，是智能设备屏幕上平面图像、文字甚至视频所不能比拟的。这就好比在视频网站看演唱会与身临其境的区别一样。即使是普通的门店，由于人是群体性动物，有着很强的好奇心与从众心理，因此那些人头攒动的门店，也会有天然的"吸客"效果。在交易场景中，店员与顾客、顾客与顾客之间的互动会更有利于促成真实的交易，而不是像数字化营销那样容易产生冲动消费，然后带来退货退款。

（5）顾客只想成为路人甲。个性化内容背后，需要识别顾客身份，并汇总大量业务数据。但从隐私角度考虑，不少顾客并不愿意注册账户，而更愿意做一个在商家消费但不留身份信息的路人甲，那么门店消费是最好的途径。

门店与O2O在对顾客的包围式体验中呈现互补关系。因此，企业都应该根据自己的业态与品牌调性调整合理的平衡。让顾客既可以获得方便，也能有完整的品牌体验。

二、POS的再平衡

随着顾客侧智能设备与在线支付的全面普及，以及企业侧数字化集成能力的不断提升，有的企业在认可门店必要性的情况下，会开始考虑如何去

POS化,来降低运营的复杂度和节省成本。不得不说,在大多数情况下,POS可见的价值被不断缩小,但是依然有很多场景,无法离开POS以及POS周边的设备来完成交易。

(1)现金类支付。对于那些不擅长使用智能设备与数字化渠道的顾客来说,自然也就更愿意用传统现金的方式来完成支付。带着钱箱的POS在这个时候有着绝对优势。

(2)特殊卡类支付。数字化渠道虽然在营销体验和商品客制化方面很有优势,但在支付方面,只能覆盖一般、通用的在线支付方法,面对依赖刷卡机的支付方式则无能为力。比如,门店所在的园区或者场地有物业方提供的储值卡支付方式,或者类似斯玛特卡传统网络支付。这类历史上遗留下来只能通过刷卡器来进行支付的方式,都需要POS能力来整合订单、支付、对账等能力。

(3)周边打印设备的集成性。传统零售的门店消费,都需要给予顾客对应的单据,有些业态的零售企业甚至还需要打印标签贴纸。虽然使用其他设备来构建各类打印需求是可以实现的,但很明显,就目前的大环境,POS与各类要求的票据打印设备的集成都具有更方便容易的优势。

(4)离线能力。数字化渠道的接单都依赖数据中心、云计算以及门店与顾客侧的网络。一旦因为种种原因,导致门店失去数字化渠道,没有POS的门店将彻底失去现代化下单结账的能力。

在传统零售企业数字化转型的驱动下,POS并不会被替代和消灭,而是会逐渐在原有的业务领域内轻量化,更好地适应与弥补数字化渠道的短板,并等待新的拓展方向。

第四节　O2O 的触点延伸

在传统的印象中,像自动售货机这样的零售自助设备,往往能以较小的占用面积、较灵活的拓展合作方式,出现在一些传统零售企业不容易开店的地方。按数字化转型前的传统认知去看,这类零售设备的价值更多地在于品牌和商品展示,以及提供销售支持。

受限于设备功能,零售自助设备对销售和品牌展示的总体效果有限。然而,数字化转型带给传统零售企业的无边界的体验和数据能力,不仅体现在顾客手里的数字化渠道与门店之间,也可以体现在像自动售货机和自提柜这样的自助终端设备上。让这些设备可以在销售、营销、履约等各个方面更好地补充全渠道的体验与能力,让 O2O 场景可组合。

一、更广的全渠道范围

随着移动支付的普及,零售自助设备本身已经具备了数字化体验整合的能力。这对于传统零售企业而言,不仅是销售能力的延伸,更是全渠道体验的延伸和互补。

零售自助设备可以通过扫码等方式,与顾客移动设备上的公众号、App、小程序等数字化渠道整合,实现渠道间信息共享和打通。下单、支付、履约整个过程都能进行不同渠道间的实时同步。这样,顾客就可以在使用 OOP 模式下单和支付后,选择就近的门店或零售自助设备取货。

在原来的 O2O 模式中,门店就是一个现成的前置仓,通过顾客到店或骑手配送,完成"最后一公里"的物权转移。而具有数字化能力的零售自助设备可以成为前置仓,在事实上扩大 O2O 覆盖范围,为顾客提供更周全的体验。

以图 5.3 所示为例，假设某地区有三家门店，门店的两层圆圈分别代表顾客愿意到店取货与骑手配送的范围。当一个顾客处在图中位置时，在没有自提柜或者售货机这类零售自助设备的情况下，这个顾客将无法获得 O2O 模式带来的便利，对传统零售企业而言就是一次可惜的"擦肩而过"。但如果门店 B 和门店 C 分别在一定距离内增设自提柜，或者其他具有相近功能的零售自助设备，那么支持 OOP 模式服务的覆盖范围或密度就会提高。给顾客提供足够便利的取货选项，顾客就不容易因为不方便而放弃消费决策。

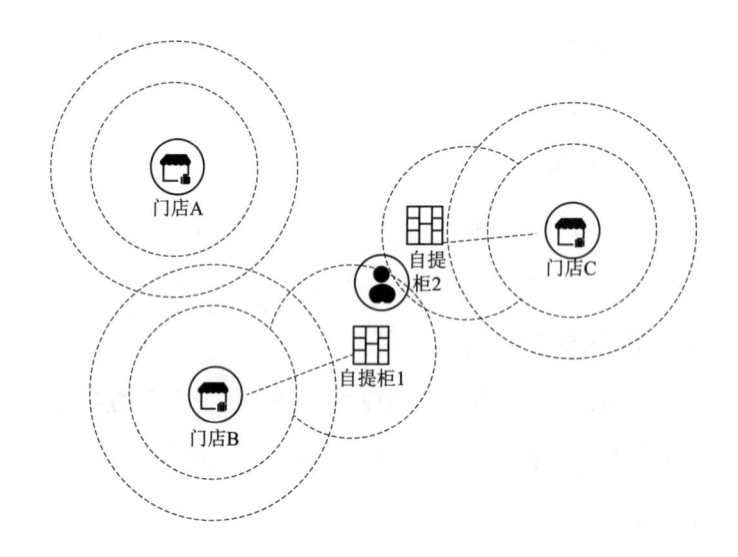

图 5.3　自提柜与售货机对零售触点延伸的示意图

这些零售自助设备，可以是传统零售企业私有的，也可以是第三方企业或机构共享与合作的。既适用于经销商类型的零售模式，也适用于传统品牌零售企业。基于零售自助设备的 O2O，可以适用于 OOP 模式，也同样可以适用于 OOD 模式。

对于那些 DTC 渠道偏少，同时商品又适合自动售货机的企业而言，基于零售自助设备的 O2O 模式有积极意义：既大幅增加 DTC 触点，提高了

DTC渠道渗透率,又给会员体系、营销活动、人群画像等提供了更好的基础条件。

二、更灵活的运营模式

对传统零售企业而言,一个好的地段或开店位置,未必能支撑起对应业态的空间和功能需要。比如,空间不够,不能放下足够多的商品,或是无法摆放足够多的桌椅,也可能是没有设立后厨或店内仓库的条件,等等。

当零售自助设备作为线下门店延伸的触点时,门店是履约商品的提供方。实际上,这个提供方也可以是仓库或厨房,或是多源提供方。以图5.4所示为例,自提柜1可以同时由门店A、门店B与仓库按实际订单供货,自提柜2可以同时由门店B和仓库供货。

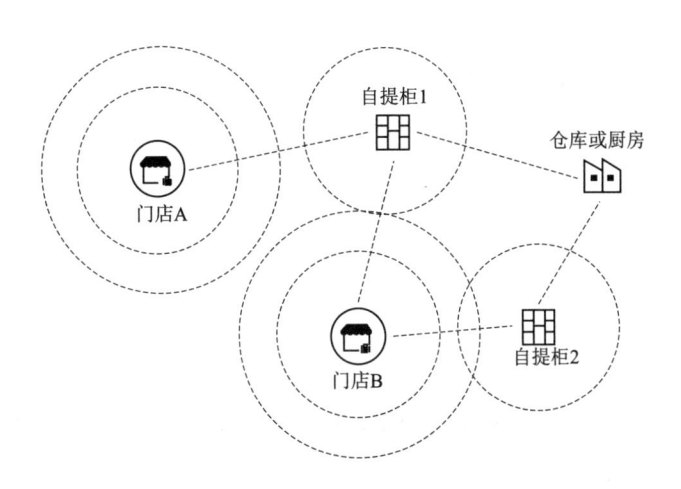

图 5.4　自提柜与售货机对零售触点延伸的示意图

这个例子比较理想化,在现实中有时会遇到一些财务、法务和税务上的挑战,但基本逻辑是合理的。因此,也有一些品牌将自提柜直接以一个门店的方式呈现,让这个门店除了提货功能外,只有仓库或后厨。这样的一种被设计成专门用来自助取货的门店,既可以很好地应对OOP和

OOD模式的运营需求，又可以让门店的空间使用率提高，运营成本显著降低。

三、更高的能力要求

当零售自助设备成为门店或触点的延伸时，延伸的不仅是获客和销售，同时也有责任和义务。这些无人值守设备的日常运营要在给顾客带来便利的同时，避免给顾客带来风险隐患，这对传统零售企业提出了新的管理要求。

首先是正常数字化体验的便利保障。打通第一方和第三方、零售自助设备和顾客移动端，都需要进行大量的集成和管理工作。比如，自提柜的剩余空位预测、不同大小尺寸空位的差异、每个部分的实时状态感知和确认等。

其次是售后的能力。发展多年的线下门店或电商线上商城，都已经有了成熟的标准运营流程来应对售后纠纷。而对于零售自助设备而言，如何覆盖退货场景和流程，如何判定是否符合退换货条件，如何有效响应顾客对于商品的疑问，都是一个挑战。除了常规的热线电话与在线客服，视频沟通和远程支持可能是一个有效方式，但这无疑增加了数字化能力与集成的复杂度。

最后是安全方面的能力。7×24小时的监控和传输、硬件设备安全、商品保存安全等都是保证顾客和企业利益的必要措施，也是数字化体验和售后保障的能力基础。在线下门店，安全方面有店长和店员可以灵活应对。而对于零售自助设备而言，如果没有有效的驻场支持，顾客或骑手直接接触设备，那么有些安全流程就可能需要他们的配合。安全流程将不得不考虑更多复杂情况，并需要更完整周全的流程来弥补。

小　　结

本章要点：

◇ 线上到线下（online to offline，O2O）模式是传统零售企业实现数字化销售能力，并且与门店融合得最广泛的实践。在实践过程中，门店将会是传统零售数字化转型中的重要参与者，同时也是重要的受益者。

◇ OOP 模式在提高顾客数字化下单体验的同时，还一定程度降低了门店运营的成本。

◇ 围绕着门店数据、商品数据、订单数据与库存数据，POS 与 O2O 的业务数据互通是门店与 O2O 业务协同的基础。只有 O2O 数字化的服务端能够感知门店的实时经营状态，才能依靠动态灵活的业务分发，对门店业务进行再平衡，让业务量处在每个门店的承受范围内。

◇ 门店运营流程与 O2O 的数字化能力之间有着密切相关的业务流程，需要以订单为主体，相互有效地衔接，并充分定义各类订单异常状态的处理方式。

◇ O2O 与进销存是上下游的关系，因此必然会有门店运营层面的协同，并对既有流程产生影响。

◇ 门店与 O2O 呈现互补关系。因此，企业都应该根据自己的业态与品牌调性，调整二者平衡。让顾客既可以获得方便，也能有完整的品牌体验。

◇ 在传统零售企业数字化转型的驱动下，POS 并不会被替代和消灭，而是会逐渐在原有的业务领域内轻量化，弥补数字化渠道的短板，并伺机等待新的拓展方向。

◇ 当零售自助设备成为门店或触点的延伸时，延伸的不仅是获客和销售,同时也有责任和义务。这些无人值守设备的日常运营要在给顾客带来便利的同时,不会给顾客和企业带来风险隐患,这对传统零售企业提出了更高的管理要求。

思考与行动：

通过本章的阅读,请思考和回答下述问题：

(1) O2O 的基本逻辑是什么？常见的挑战有哪些？如何应对？

(2) 为什么门店协同是 O2O 的基础能力？如何协同企业的业务流程和运营模式？

(3) 曾经是零售之王的 POS 在数字化时代有着怎样的挑战？

06

第六章

全渠道

全渠道指的是一种销售方式,它使用多个渠道来联系顾客,并为他们提供卓越的购物体验。它涵盖了品牌和顾客之间互动的所有方式。

全渠道是零售行业数字化转型过程中绕不开的核心话题之一。传统零售企业对于全渠道的掌握程度,是数字化转型赋能业务创新发展的决定性指标。甚至有很多人觉得,在传统零售企业进行数字化转型的过程中,如果没有探索和实践过全渠道,那么这家企业就不是在做真正的数字化转型。

全渠道可以提供全方位的用户体验,从而发掘、提升和补充业务模式。全渠道与其说是一种目标,不如说是一种战略;看似只是模式,其实是能普遍运用的理念。

第一节　演进历史与发展逻辑

在零售业的发展史上，业务渠道从最开始的单渠道，经历多渠道、跨渠道，最终演变到了全渠道。如图 6.1 所示。每一次的演变都是由于当时的政治、经济、社会和技术等多方面因素共同造成的。

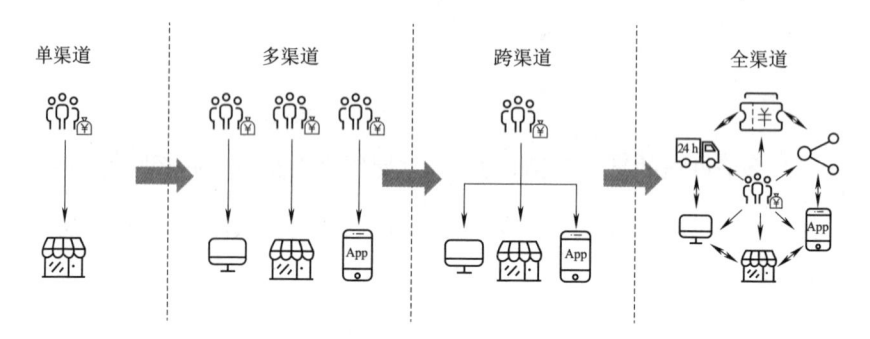

（注：打通与互通是不同的概念，打通可以是单向或双向的，互通只能是双向的）

图 6.1　零售业发展过程中的四个阶段

你也许已经看出来了，这四大因素就是经典的 PEST 分析法的框架体现。笔者在此列举部分典型因素供参考：

✓ 经济：传统零售企业的业务目标和诉求；

✓ 社会：数字化平台的崛起与互联网生态的发展，引发的用户时代偏好与营销特点；

✓ 技术：计算机技术与数字化能力的发展。

一、单渠道

在最初始的数字化世界（互联网世界）中，网站与电子邮件是仅有的体验交互方式。网站用来宣传企业业务与品牌，电子邮件用来做营销与触达。在那个还没有电子商务概念的时代，零售业务只发生在线下门店中。虽然对企业而言，有加盟店、授权店等各式各样的门店经营模式，但对于顾客来说，进店消费是零售业务能发生的唯一场景，零售业务是单渠道的。在那时，除了门店选址之外，零售企业最关心的两个核心点是商品和销售，也就是"能卖什么"和"如何卖得多"，顾客体验的重心都在门店运营以及顾客支持的流程、效率和态度上。

在渠道单一的情况下，企业的业务目标在一个个门店或柜台的实际运营上。如何以更低的成本卖出去更多的商品，获得更多的利润，是品牌企业与参与经营活动的经销商、加盟方等各方共同的目标。在这个目标的驱动下，门店的运营流程、业务流程、售卖商品范围都是可以一定程度调整的。

在"康威定律"（也称"康威法则"）中论述过，系统设计会与企业组织结构及其协作模式，保持关联一致性。所以，在各个业务领域之间，流程的相互孤立与有限的数据流转，导致了数据体系大都是相互孤立运行。

在数据管理方面，除了进销存与财务上的数据需要被统一收集之外，其他的业务数据在没有集成必要性的情况下，对元数据标准统一和主数据管理，也缺乏紧迫性。

二、多渠道

多渠道模式，通常是由单一渠道依赖转变而来。对于传统零售企业而言，新渠道一般是扩展数字化渠道，即让接入互联网的顾客以在线方式与品牌方进行业务交互；对于互联网零售企业而言，多个渠道的扩展，既可以反过来开拓线下门店，也可以开拓第二个数字化线上渠道。

举一个极端的例子，在多个不同的线上电商平台开展业务，从模式上说，也是多渠道。

单渠道转变为多渠道的尝试最早发生在电商平台刚发展的时代，电商凭借试错成本低、潜在收益大、业务自主性强等诸多优势，成为当时企业在拓展多渠道时的最佳选择。开拓电商渠道的成本极低，但却能覆盖全国范围，而且与原有的自营、加盟或是经销的模式都不冲突。

比如，仅需要品牌方的授权和认可，各个经销商就可以自行独立开展电商业务。经过一段时间的"事实检验真理"，各企业与各经销商如雨后春笋般出现在电商平台上。

在大多数情况下，传统零售企业只会选择有互补性的渠道。比如，餐食类的企业一般只会开展外卖作为数字化渠道，而非使用电商平台。当然，也有一些企业业态丰富、商品类别齐全，会同时使用这两类渠道。

在多渠道阶段中，包括电商、O2O与传统门店，在零售渠道角度，依然是相互独立运营的渠道扩充关系。线下依然可以按照旧有规则开展加盟/经销合作，而在线上，自营旗舰店与经销商的在线店铺也没有根本上的利益冲突，甚至自营旗舰店也可以与有电商运营经验的第三方合作开展代运营。

企业对于组织与业务的管理，都是以平行、独立的方式来看待不同的渠道。自营与经销、线上与线下都可以独立自主运作。企业在那时依然是以卖货为主要目标，经销/加盟模式在运营成本与销售转化上有很大优势，只要做好品牌管理,并且货最后都从品牌企业正规渠道来,品牌企业并不吃亏。

多渠道并没有给数据与 IT 侧带来特别大的压力。一方面,从解决方案和系统集成的角度,电商平台已经给予了相当完整与便利的服务平台与交互工具,让企业可以自成体系地完成整个业务渠道从前到后的基本运营。另一方面,除了库存与供应链等企业后端的运营数据和业务能力,传统零售企业在那个阶段也的确没有其他数据需要与前端打通集成。

在这一情况下,传统零售企业的日常运营,即使没有企业管理工具和系统的协助,靠人力的管理和运营也是足够应付的。

同时,随着互联网拉近了人们社交距离,营销也开始走入大数据时代。虽然营销的触点与表现形式受限于有限的电商、品牌 App 等少数业务渠道,但从模式变迁角度,传统零售企业的决策模型,从单纯的专家经验型决策机制,开始转向和过渡到专家经验与数据驱动相结合的决策机制,全面收集业务与用户数据的心智由此逐渐养成。这些积累的数据资产,会为企业数字化营销在将来自动化、智能化以及全渠道,打下良好的基础。

多渠道为主的时代背景下,虽然移动智能设备已经大面积普及,但作为一种数字化的交互触点渠道,移动智能设备与其他触点渠道相比,除了账号与资产安全性上有所提升,在场景和体验侧并没有特别大的不同,直到慢慢地步入了跨渠道为主的时代。

三、跨渠道

多渠道有着相对较低的适用门槛,大多数企业都能以极低风险来拓展一个相对独立的新业务渠道。而当销售业务渠道从 1 到 N 的时候,让 N 个渠道之间产生连通与关联,是一个非常顺其自然的需求。特别是品牌认可度、知名度和会员体系都有所建树的传统零售企业,非常容易从多渠道发展到跨渠道阶段。

多渠道与跨渠道在本身定义上,并没有限定是销售渠道、营销渠道还是其他类型。但在广泛实践中,很大程度地停留在以销售为主的渠道上,比如电商平台。因此,在最开始的跨渠道实践中,最普遍的是传统零售的门店渠道、电商渠道或是自营的移动下单渠道之间,将会员与订单信息进行渠道间打通。

至少可以从以下三个因素来看待跨渠道对传统零售业务的影响。这些因素不仅给传统零售企业提供了数字化转型短期快速见效的能力,也在这个过程中帮助企业规划更长远的"全渠道"全景。

1. 顾客体验与企业品牌提升

传统零售企业的数字化转型中,最核心的目标就是提升顾客体验,因此,订单与会员信息往往是优先打通的跨渠道信息。顾客可以在品牌自有渠道,比如手机应用程序和官方网站上,登录后看到自己在所有相关渠道上的订单。也可以在第三方合作渠道甚至是区域代理、经销商等各个渠道上看到对应的会员信息、会员等级、积分、权益。

这样的场景体验给顾客提供了很强的品牌安全感和体验便捷度。顾客可以降低冒充官方、假冒伪劣产品等方面的担心,并进一步提升对品牌的信任。

同时,由于不同的渠道往往配合差异化的运营场景,比如,类似平台大促之类的差异化营销活动运营,顾客可以更自由、便利地选择适合自己的渠道,更自然和顺畅地完成营销活动的参与与销售的转换。

在用户体验、便捷度和安全感提升的前提下,企业品牌力塑造是水到渠成的结果。在互联网电商平台大流量和智能推荐的作用下,不受地域和空间限制的大量曝光,可以快速提升品牌的知名度;而新客订单带来更多新会员,会员的体验、机制、激励等的成功,又会影响品牌力进一步提升。所以在跨渠道的阶段,营销、会员、品牌三者是可以形成正反馈良性循环的。

第三方互联网平台对传统零售企业也有相应的限制,服务范围的局限性和定制化需求支持的封闭性,给传统零售企业带来了体验自由度的局限性和不可控制性。顾客体验作为传统零售企业最核心的目标之一,相同品牌在不同渠道上的体验一致性必然是一个重要的指标。而跨渠道对传统零售企业的最大的挑战是如何面对不同渠道之间的体验差异。

这个一致性并不局限在视觉效果上,也可以体现在业务的范围与流程、品牌的格调、用户的心智等方面。比如,跨渠道之间会员信息打通了,那么会员规则、权益、积分情况,是否是一致和公平的。又比如,有一个品牌忠诚度的会员活动,能不能在各个渠道之间同时开展,参与活动的商品与价格是否统一,背后数据能否及时收集,面对奖励有限的情况多个渠道之间参与的获奖权是否公平,多个渠道之间能否共享进度,等等。

这背后可能会有着各不相同的原因、各不相同的努力、各不相同的妥协以及各不相同但尝试保持一致的解决方案。

2. 更丰富的资源与能力整合

虽说顾客体验一致性一直都是传统零售企业在跨渠道模式下的目标和挑战,但体验一致性并不意味着数字化业务能力和场景的完全一致。比如,并非每个渠道都支持使用会员的积分与权益,这是合情合理的。而对于那些能使用的渠道而言,对应的积分规则和权益应当是跨渠道相同或者对等的。用一句话总结就是:体验一致并不意味着体验平等。

在"数字化业务能力和体验可以不平等"的认知下,不同渠道就可以利用某些特别优势，通过资源整合，来给传统零售企业整体的数字化业务赋能。这样的赋能，通常会分成两大类，第一类是流量获得，第二类是能力便利。

流量获得很好理解，当传统零售企业通过第三方互联网平台拓展新的渠道时，就能通过平台带来的大量有效流量，进行营销、会员和订单相关的业务开展。以目前的实践经验来看跨渠道实践，这也是第三方平台必然会被引入参与跨渠道建设的原因。

有的甚至以第三方平台为渠道，比如，多个可以相互连接的渠道分别是天猫、京东、拼多多、抖音。流量对传统零售企业数字化业务提升业绩的部分而言至关重要，与零售订单数量有着直接和明显的正相关联，多多益善。

外部互联网平台的流量在短期可以立竿见影地拉动业务，但这种赋能的方式既非免费也不可控，同时也不可持续。因此，在短期见效的阶段内，如何将这个资源转化为私有，是传统品牌零售企业普遍讨论的话题。而尝试将这些公域流量转化为品牌企业的私域流量，打造私域营销能力，成为各个企业普遍的决策方向。因此，在企业从跨渠道转向全渠道的过程中，渠道间体验的不平等将越发突出。

而在能力便利的部分，想想那些没有自有数字化渠道、全靠各种互联网电商平台售卖商品的传统零售企业，就能理解了。那些电商平台有着相对低的运营成本，又有全套的数字化能力，能很好覆盖营销、交易、售后。建设这样一套电商全流程的技术成本很高，并且前期还需要看自身品牌力能否获得足够的流量。对于那些不依靠门店生产商品的零售业态而言，在各个电商平台上开店，自己只需要统一管理好履约发货和库存即可，两个方案相比，结果清晰明了。

需要特别说明的是,许多自身有一定数字化能力基础的传统品牌零售企业,在整合第三方资源的过程中,是很容易在不知不觉中跨入全渠道阶段的。比如,对于使用第三方平台能力的举一反三,传统零售企业很容易就能想到在顾客下单以后,给顾客一个分享的机会,从而可以通过下单后分享裂变领优惠券的形式,将订单交易环节与拉新拉客的营销环节顺畅自然地组合起来。

这个场景必然需要有社交行为相关的数字化基础。而传统零售的业态既不容易有这样的生态基础和数字化能力,也未必真的需要有,依靠微信的生态来补充这部分的基础即可。这个场景其实已经不再是跨渠道而是全渠道。不同渠道的能力形成了不同分工与上下游的关系,不再是跨渠道阶段简单的数据打通,而是整个业务流程在不同渠道间的打通,围绕顾客形成不同的场景体验。

3. 更完整的数据统计和用户画像

在大数据刚兴起的年代,传统零售企业就开始尝试通过分析门店运营和销售数据,提供各类商业智能,典型的如门店销售量预测、销售品类预测等。这些预测都是面向企业管理运营侧,也就是企业后端,提升企业计划、运营的预判能力和运作效率。

而后,随着电商的全面普及,大数据开始伸向顾客一侧。得益于电商天然的用户识别能力,可以收集用户与品牌交互过程中的各类行为数据,从而判断顾客的消费偏好,挖掘规律,慢慢形成包括商品推荐和千人千面的个性化营销能力。

在跨渠道阶段之前,即使是有会员的体系,门店和电商这类数字化渠道也是独立分开的,不曾打通和识别会员。会员体系像是一种奢侈品,很好但不是必需,不是每个传统零售企业都有对应的会员体系。

像那些无法在销售环节直接触达顾客的零售业态,跨渠道阶段前不容易有会员体系,比如通过便利店和超市售卖,或者通过经销商/分销商售卖。

而到了跨渠道阶段,不管是什么业态,传统零售企业都会渴望拥有自有的会员体系。因为只有有了会员体系,并且在各个渠道之间形成了会员通,同一个顾客在不同渠道的交易数据和行为数据才能得到正确的识别匹配,从而使得销量、利润、客单价这类交易数据,在面向企业的数据统计归纳上可以更加全面。同时也让顾客商品推荐、个性化营销等面向顾客的数据应用得到优化。

同时需要考虑的是,不同渠道之间的场景和顾客心智是会有差异的,因此顾客体验、行为动机和诉求自然也会有差异。各个渠道上承载的业务能力背后,都是实实在在的业务数据流通与集成。当大家都愁于无法从不同角度来更好地理解顾客的时候,会员通基础上的跨渠道可以在一定程度上改善这个窘境。

企业可以使积累到的顾客偏好和用户画像更加全面,让自身的数据资产更丰富和更有价值。

所以,会员通是跨渠道阶段最重要的一步,如果没有会员通,跨渠道是实现不了的。站在顾客视角,打通的表现形式是:一个顾客的会员信息和订单信息,可以在至少一个渠道上反映其他渠道的订单。

与之对应,数字化系统也终于可以通过渠道间相同的用户标识和会员标识,来归类所有渠道订单相关的事件和属性,形成更完整的画像。

四、全渠道

电商在跨渠道模式中有着特别高的出镜率,几乎可以称为一个无视业态差异的数字化渠道。伴随着跨渠道模式在泛零售领域更广泛地接受、落地、推广和发展,大家惊奇地发现,原本业态差别巨大的传统零售企业,在新的数字化在线业务场景和业务模式中,竟然可以出现跨业态的共性。

比如,许多原本大幅依赖经销商模式的传统零售企业,在电商、品牌App的数字化场景下,也可以逐渐开始开拓DTC渠道,让品牌有更多机会来触及和了解顾客,构建品牌私域。

从模式发展和进化的角度看,传统零售企业经历的跨渠道阶段,是传统零售和互联网零售的业务模式、业务场景开始交集融合的阶段。其结果就是,传统零售企业可以以自身原有的零售业态为主体,衍生出一系列数字化在线场景,并通过原有线下渠道加强数据互通。在这个逐渐演化的过程中,原本只是数据维度打通的跨渠道,开始转向体验打通的全渠道。

从跨渠道到全渠道,原本单一渠道的体验流程,开放成多个渠道,相互组合来构建流程的上下游。而原本更侧重销售场景和渠道的布局,也开始重新往营销领域平衡。跨渠道实现了模式创新的0到1,打通的数据可以让传统零售企业获得更全面的洞察,提升企业的运营管理水平,而全渠道则在0到1的基础上,将每个渠道的顾客交互体验也相互打通,通过组合场景来实现1+1＞2的业务价值。全渠道发展历史的多维度总结如图6.2所示。

1. 跨渠道能力与特征的升维

分别从体验品牌赋能、资源能力赋能和数据赋能这几个角度阐述了跨渠道的价值。而到了全渠道,这三个方面都有了各自进一步提升。

在体验和品牌方面,全渠道为实现更长、更复杂和更丰富交互体验带来可能。原本在跨渠道时,会员和订单数据的打通并没有强调时效。传统零售一般是按天为订单财务结算的周期,所以不同渠道的订单可以有几分钟或是几小时的延迟,甚至可以和零售结算周期一致,顾客在第二天才能看到跨渠道的订单显示在全部订单中。

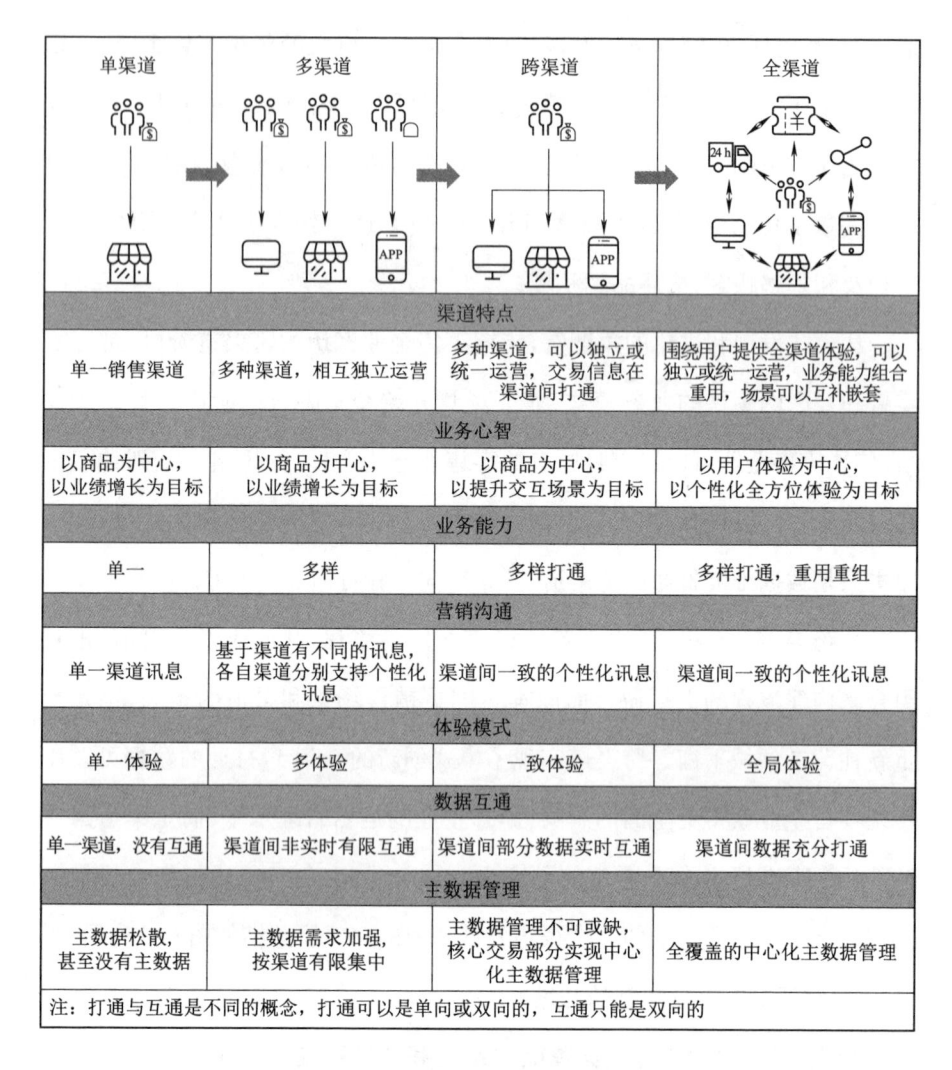

	单渠道	多渠道	跨渠道	全渠道
渠道特点				
	单一销售渠道	多种渠道，相互独立运营	多种渠道，可以独立或统一运营，交易信息在渠道间打通	围绕用户提供全渠道体验，可以独立或统一运营，业务能力组合重用，场景可以互补嵌套
业务心智				
	以商品为中心，以业绩增长为目标	以商品为中心，以业绩增长为目标	以商品为中心，以提升交互场景为目标	以用户体验为中心，以个性化全方位体验为目标
业务能力				
	单一	多样	多样打通	多样打通，重用重组
营销沟通				
	单一渠道讯息	基于渠道有不同的讯息，各自渠道分别支持个性化讯息	渠道间一致的个性化讯息	渠道间一致的个性化讯息
体验模式				
	单一体验	多体验	一致体验	全局体验
数据互通				
	单一渠道，没有互通	渠道间非实时有限互通	渠道间部分数据实时互通	渠道间数据充分打通
主数据管理				
	主数据松散，甚至没有主数据	主数据需求加强，按渠道有限集中	主数据管理不可或缺，核心交易部分实现中心化主数据管理	全覆盖的中心化主数据管理

注：打通与互通是不同的概念，打通可以是单向或双向的，互通只能是双向的

图 6.2 全渠道发展历史的多维度总结

由于跨渠道的销售体验流程都是相互独立的，因此，在销售体验中的优惠券、积分等这类非代金类的泛权益信息，通常也是各个渠道分别管理、展示和使用。而升级到全渠道模式以后，订单、权益、卡券等相关的信息更新，可以被实时或准实时地在各个渠道同步分发，还能在不同渠道间使用，把简单的数据打通上升为体验互通。

体验的打通和升维还可以体现为流程的上下游组合。比如在跨渠道的时候,企业给顾客的体验复杂度,只能做到在电商渠道购买卡券,然后去门店或者其他渠道购买商品,使用电商买的卡券进行支付。这在交易环节,依然还是两个渠道各自提供了一次完整的交易。而在全渠道的时候,企业就可以实现顾客在电商渠道购买某个线下活动的参与资格(通常以定金形式),然后顾客在线上凭资格预约门店服务,最后去门店支付尾款,并接受门店的服务或商品。原本两个弱关联的事件点,可以被线连接成一个事件链,实现体验的升维。

在资源和能力整合方面,随着渠道间资源、能力与场景的组合,业务场景扩展得更丰富了,特别是那些第三方渠道。像上述例子,将活动参与资格放在电商渠道售卖,其实也是利用第三方更好的营销资源来促进私域流量转化的一个实践。

同时,像微信、小红书这类有互联网社交平台,也为开发出更多全渠道做法提供了社交能力基础。比如下单后裂变领取优惠券,就是一个很好的例子。第一方业务能力与第三方社交能力的配合,以及第一方业务场景与第三方社交场景的组合,提高了私域营销丰富度,摆脱和降低了因自有资源缺失而导致的体验局限性。

更多的场景、更丰富的体验流程,既增加了零售业务与顾客的接触面和交互时间,也给了传统零售企业更多机会来理解顾客。全维度数据,给分析顾客行为与行为背后的原因提供了可靠保证。业务分析越发深入,用户画像越发清晰,就能更准确把握顾客在特定场合、特定时间的行为表现背后的真实动机和意图,实现更准确、更智能的商品推荐和营销方式。

全渠道中体验场景、数字化能力和数据的升维,让传统零售企业的业务模式扩展获得更大的可操作空间。企业的业态越丰富,在全渠道能组合和扩展出的新业务就越丰富,随之带来的体验也就越丰富。这自然使得顾客对品牌力的直观感受不断提高和增强。

2. 拥抱开放的挑战

传统零售企业的数字化转型,本质是业务模式的转型创新,而过程中最大的挑战始终都是企业心智的转变。而作为传统零售企业数字化转型的核心模式,全渠道阶段,意味着企业需要直面挑战的时刻已经到来了。

面对挑战,企业需要秉持开放心态,对此我们将分为对外、对内两个部分阐述。

先看对外部分。在数字化转型的实践中,传统零售企业的全渠道总会需要第三方的数字化能力来支持和填补自身不足。互联网是数字化最领先和最广泛的一个行业,从这个意义上说,传统零售企业的数字化转型其实是学习和融入互联网的过程。相对应的,互联网也需要更了解传统行业来获得平台、流量和技术变现的机会。

全渠道目前依旧处在早期,各个传统零售与互联网平台的联合依然在"百花齐放,百家争鸣"的创新探索阶段。除了个别被广泛使用的全渠道体验表层的案例之外,在当前双方都有各自的优势、动机和诉求的情况下,传统零售企业更需要以开放和拥抱的姿态,主动与互联网平台达成深度合作,共同探索商业创新。大一些的传统品牌零售企业,还可以考虑与互联网平台进行战略合作,从而在技术、数据、流量、体验独特性等各个方面获得更全面、更敏捷的支持,同时也让互联网平台更好地理解传统零售业态,改进自身生态。早在几年前就开始出现这样的战略合作案例,传统零售企业与包括电商平台和社交平台在内的互联网巨头,通过深度合作获得了各自满意的结果,实现双赢。

开放心态还体现在如何面对其他正在数字化转型的传统行业,以及如何看待异业合作。

在数字化转型之前,异业合作大都体现在零售商品的合作上,比如出联名款商品。这些都是非常态化的合作,周期短、频率低,对企业业务流程的侵入度也相对小。但随着传统企业纷纷开始数字化转型,考虑到客观上企业的数字化转型之间有明显的进度差异,传统零售企业可以异业合作的范围和方式都有了很大扩展。特别是当各个传统零售企业都开始重视私域,各家私域从客群、数字化能力等方面都有差异性与互补性,传统零售企业之间的异业合作,甚至是战略合作将有机会成为普遍实践。

对内的心态开放,是针对企业业务部门,为了在传统零售企业内部重塑与调整业务、产品与 IT 三者之间的组织关系与协作模型,而持开放、接纳、深入协作的心态。

全渠道需要构建可复用的数字化业务能力,来应对整个经营过程中的快速变化,适应不断延展的业务场景,同时也需要 IT 提供从技术交付到持续运营的全生命周期支持。没有属于传统零售企业的既懂协作又懂业务的 IT 部门,就缺乏了在 IT 层面兼容适配企业业务的专业度。

数字化 IT 能力承载了整个数字化业务能力,构成了数字化渠道。传统零售企业的业务部门,特别是数字化业务部门,需要摸索如何和 IT 形成专业有效的工作模型,适应 IT 从决策、实施再到运营的全程参与。

与对外心态的开放不同,对内的心态开放显得尤为困难。在对外的部分中,沟通双方和话题都是与商业相关的,相互容易理解,谈论内容虽然可以很大,但实际关注的点会相对聚焦,业务部门的选择和谈判空间也很充分,最坏的情况就是什么也没做,什么也没损失。而对内的开放则不同了,参与方更多,背景差异更大,讨论的还都是职责范围和边界相关的,容易产生各种误解而加剧利益冲突,选择面更小,遇到阻碍还不能直接退出。这些都需要内部组织相互之间具备真正开放的心态、敏捷的处事、足够的相互理解及协作的决心。

五、渠道演进阶段与数字化转型阶段的关系

传统零售企业在数字化转型过程中，数字化能力阶段与渠道演进阶段有着相互匹配与同步发展的关系。如果我们将这两个阶段维度以坐标轴的垂直关系来表示。图6.3中并没有单渠道，因为对于传统的零售企业而言，单渠道就是线下的渠道，从多渠道阶段开始才有了数字化的渠道。图中的箭头标示企业在不同的数字化能力阶段下，从一个渠道模式去往另一个渠道模式的跃迁机会。

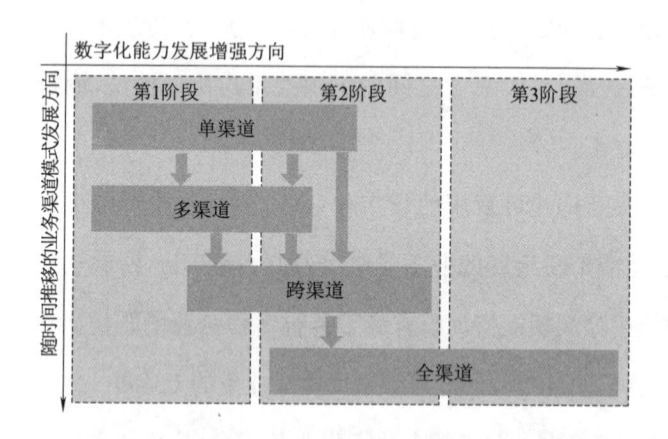

图6.3 渠道演进阶段与数字化转型阶段的关系

1. 第一阶段的跃迁机会

当传统零售企业还处在数字化转型第1阶段的时候，由于自身数字化能力不足，只能直接使用互联网的平台或是以购买通用的数字化解决方案产品为主。在那个阶段，从单渠道转向多渠道是一个简单的目标，使用至少一个电商平台，来与线下零售相互独立地开展业务运营即可。企业不仅不需要自有开发能力，甚至未必需要有完整的IT部门。

在当时的组织架构与数字化IT能力情况下，企业可以继续通过购买产品的方式，从多渠道跃升为跨渠道。虽然从实践难度的角度看，这不是一个

好的路径,但仍然是有机会的。如果门店的POS解决方案的集成性够好,比如基于知名的云POS解决方案,可以通过购买同样基于云SaaS的数据平台,辅以一部分定制开发来完成数据集成。

当然,这个POS解决方案需要有基于门店零售业务的会员功能,同时数据平台需要有能力获得POS解决方案以及线上数字化渠道的会员和订单信息,并有能力识别相同的会员,从而合并订单归属。

第一阶段的传统零售企业对于跨渠道的实现就已经有诸多条件限制,实在很难通过到处"拿来"的思维来实现全渠道。全渠道需要企业自身有一定的IT资源与技术管理能力,还需要从前端到后端全链路有数字化业务能力和运营能力。

2. 第二阶段的跃迁机会

相较于第一阶段的企业要实现跨渠道的艰难坎坷,第二阶段的传统零售企业要实现多渠道就显得游刃有余了。通过"拿来"和"自建"的合理组合,可以高效地实现贴近业务全景、业务流程以及交互体验的数字化场景和应用,并且对于不断变化的市场和业务需求,也有着足够敏捷的应对能力。

如果传统零售企业是在第二阶段的时候实践单渠道转向多渠道的转型,那么这个转型会顺利许多。一些企业甚至可以跳过多渠道,直达跨渠道。这样当有新的业务渠道开拓时,IT部门可以更全面、系统性地评估和设计整体的架构和设计,将传统零售企业中容易发生的"数字化系统被动地被业务带着走",转变成"数字化的能力准备在业务之前",让数字化与IT的能力可以更主动地支持业务向前发展,为全渠道做好充分的准备。

当架构和IT团队已经有数字化的业务架构、能力架构、技术架构、数据架构的大致框架与雏形,也有如何分阶段、分步骤支持业务发展的宏观计划,传统零售企业的业务部门有了转向全渠道的决心时,传统零售企业就可以更从容地持续发展了。

业务部门可以专注于企业自身的业务发展、渠道创新,以及与各种第三方的合作谈判;产品可以专注于顾客数字化体验的提升、数字化渠道黏性的培养,以及与业务一起共同追求营销的自动化与智能化;IT作为整个全渠道实施力量的核心,除了通过数字化能力的建设来支持业务与产品之外,还可以在企业架构师的支持下,通过平台化、自动化和智能化三个基本步骤来引导业务与产品一起将企业从第二阶段转型到第三阶段。

3. 数字化能力上的外延与结果

对于传统零售企业而不是互联网企业而言,一个已经一定程度达到全渠道的企业并不存在像第一和第二阶段那样"支持哪些渠道模式"的问题。第三阶段是企业继续发挥全渠道优势后,数字化能力呈现更高维度格局的一种表现。企业对内依然是全渠道模式,然而在一些场景和业态下,第三阶段的传统零售企业可以通过自身的平台生态,成为其他企业跨渠道或全渠道的参与者。

如果非要给这样阶段的企业在渠道演化路径上增加一个概念,暂且称之为"超渠道"。

第三阶段中的平台能力可以是技术型的。就像一部分互联网公司,因为自己需要大量强大而又灵活的服务器资源,所以都创建了自己的云服务。传统零售企业如果自身业务有了一定的体量,可以将自身的一部分解决方案能力以标准化形式输出给第三方。

比如,带有更强大数字化能力的POS解决方案、自动化和智能化的数字化系统运维、成熟的微服务框架、灵活动态的移动界面技术、适合零售业态的卡券管理解决方案,等等。

这个平台能力自然可以是技术型加业务型的，来复合地使用自身的行业经验，特别是数字化转型在零售实践下的最佳实践。比如，适合零售和符合业务的O2O订单派发引擎、门店运营的IoT解决方案、自动智能的供应链与物流等。

而生态能力更多的则是业务导向的。比如，企业自身的业务流程的一部分可以标准化出来，作为其他企业业务的上下游的一部分。当然，这样的体验构成势必需要复杂、稳定而又信息安全的集成，因此，业务生态的背后，也同样需要扎实的技术基础。

所以，不管是平台还是生态，不管价值角度是业务的还是技术的，背后都会需要技术的支撑。而这种技术能占半边天的格局，已经趋近甚至超过互联网企业从技术走向业务的程度。这就是为什么在定义第三阶段的时候，我们说传统零售企业将有可能比互联网企业更具备互联网优势。

六、全渠道的适用条件

全渠道虽然被广泛认为是传统零售企业数字化转型的核心，但全渠道却不是传统零售企业数字化转型的必然。理论上说，每个传统零售企业都可以拥有一个全渠道的愿景，但考虑到投入回报比以及不同业态的差异，并不是每家传统零售企业都适合全渠道。当然，这个"适合"是相对的，夹杂着客观和主观的双重因素，主观部分包括对同一客观事实理解不同而带来的差异，可谓仁者见仁，智者见智。

"适不适合"这个问题中最重要的一个考量因素，是传统零售企业是否有足够多直接接触顾客的场景。

以销售低价的、面向大众的瓶装饮料品牌为例，这类企业在传统渠道中都是通过商超、经销商来售卖的，具有商品价格相对低、购买决策相对短、销售机会相对随机的特点，也不容易构建会员的体系。

这类企业拓展数字化渠道时，两个代表性的场景就是电商和数字化渠道广告。电商本身可以积累私域用户/会员，但由于传统线下的售卖不容易产生对应的私域积累，而传统线下又是销售的主要渠道，跨渠道在这里的业务价值并不明显。同样，没有了跨渠道的数据积累，也就只能依赖第三方传媒广告的数据来更多地实现精准营销。这样的数字化数据和场景基础，很难支撑起全渠道的丰富度。

顺着这个逻辑继续想下去，如果一个传统业态有会员体系的基础，但是门店都是以经销商为主呢？跨渠道似乎是没有大的系统性障碍了，全渠道在理论上可以有丰富的体验和做法。然而，让全渠道的场景涉及线上与线下之间交互的时候，业绩的计算与归因就成为问题。如果都是自营的，业绩的规则逻辑可能会有公平的问题，但还是可以继续得到支持。而类似经销、加盟这类业务模式，利益与动机高度复杂，运营标准化和一致性保证就困难重重，一些全渠道场景下的业务流程就会因此遭遇落地瓶颈。在这个过程中，甚至还可能会因为其牵扯其中的利益纠纷，影响原先正常运营的业务渠道。

思路到这里并没有结束。业务的常见条件之外，还有技术的条件。整个渠道演变过程中，业务超出普遍数字化解决方案的幅度越来越大，对技术独立性的要求则是越来越强。虽然传统零售企业的技术未必需要与科技公司比肩，但对于像架构、治理、开发和运维等这类与技术有关领域，具有独立判断力和决策力是一件不可或缺的事。

数字化转型之前的传统零售企业，大都是关注点聚焦、重业务而轻技术的格局，而全渠道却从商业模式到业务落地、从顾客体验到企业运营、从架构规划到技术实施都有对基本能力的需要。短板决定了全渠道这个木桶可实现的天花板。

零售的业态是灵活多变的。除了之前列举的故事之外,也会有其他影响全渠道效果和价值的可能。譬如,一个对人与人交互和导购依赖很强的传统零售业态,全渠道的用途和场景又是另一个完全不同的故事了。

这里举一个进行全渠道布局的案例供大家参考。某品牌近年来在17个省3个直辖市、累计开设了495家大型数字化门店。据介绍,该品牌门店不仅销售产品,更多的是集孕产服务、育儿服务、互动服务、婴童乐园等于一身,打造一家以"经营顾客关系"为理念的企业。过去的一年,该品牌通过人客合一的北斗、机会大厅、聚客宝等工具的研发投用,到大数据及AI智能算法技术的迭代升级,使得公司全渠道数字化布局稳步前进。2021年,该品牌小程序用户接近4 100万,企微私域服务用户近1 000万。2021年开展了近40万场次涵盖孕产服务、同城亲子服务、自营服务(童乐园)、互动服务的活动,服务超1 000万人次,开展了超万场专业育儿内容的直播,输出了近8 000个专业的视频化育儿成长解决方案,触达超1亿用户。

如何看待全渠道,挑战着企业的认知和判断,考验着企业的决心?

第二节 会员通的不同境界

传统零售企业的数字化转型中常常会出现"会员通"这个词。"会员通"中的"会员"是不同场景下可标识顾客的代表性统称,并不局限在传统零售业务通常理解的会员上。随着全渠道的场景不断深入扩展,需要被打通的顾客数据也会在不同的维度和领域中增加,从而进一步完善了全渠道场景的支持能力。会员通的数据范围从小至大,可以呈现四个不同的业务境界。

一、用户标识通

用户标识的打通是会员通的基本要求，也是跨渠道阶段就需要形成的数字化能力。与互联网企业偏好在注册登录的时候就用第三方授权登录来相互关联不同，传统企业由于有传统业态下诸多存量的会员信息，因此都会选择通过会员"关键标识信息"的匹配来实现打通，比如，手机号、邮箱地址等。严格地说，第三方授权关联的是"登录账户通"，而通过用户会员信息匹配做关联的才是"用户标识通"。这两者既有关联又有区别。

用户标识通可以用在跨渠道模式也可以用在全渠道模式。但不管用在哪个渠道模式下，用户标识通的直接目标主体都是顾客的订单，而不是顾客本身。通过收集各个渠道的订单，关联顾客的标识，就可以将不同的订单归因到正确的同一个人身上，从而获得更完整的标签，划分更完整的人群，更好地让数据来赋能精准营销和个性化营销领域类别下的诸多场景。

二、会员身份通

首先需要明确的是，会员本身并不代表顾客，而只是顾客的一种身份。在数字化的世界中，顾客对应的是用户，而不是会员。这是传统零售企业因过往只有会员标识而容易产生的误解。

以用户标识通为基础，就可以扩大打通的数据面，扩展到各个渠道之间会员身份的相互识别。会员身份包括是不是会员、哪种会员、等级多高。

会员身份的打通，可以是单向的，譬如，传统品牌零售企业自己私域的会员身份，在自有的第一方和第三方业务渠道上展示；也可以是双向的，譬如除了在第一方的会员信息在第三方可见外，第三方的会员信息也可以选择性地在第一方显示。

在一般的顾客体验设计下，会员信息打通的渠道，都可以通过营销、下单等行为来获得对应积分,强化激励的适用范围,提升用户体验和品牌影响力。

三、会员权益通

一旦会员身份的等级或类型有了差异性,那么会员权益自然就有了对应的差异性。这些权益可能是某些特别商品的购买权、更优惠的积分获取规则、领取更多更大折扣的机会,等等。当传统零售企业自有或第三方的业务渠道之间能够完成会员身份通以后,可以进而打通会员权益,让顾客的会员权益在所有能识别会员身份的业务渠道得到一致体验。

从顾客与传统零售企业之间的关系角度去看,权益打通在让体验接近一致的同时,更给了顾客在各个渠道上平等的体验权利。每个业务渠道自然有其独特的获取顾客的优势,让顾客自由选择自己觉得方便和舒适的渠道,对顾客的拉新、留存、促活,以及品牌力的建设都是有百利而无一害的。

比如,一些传统零售品牌在天猫旗舰店的会员中,展示的并不是天猫店铺的会员权益,而是零售品牌的会员权益,同时在店铺购买的商品也可以同样获得会员积分。这对于会员的拉新、顾客到会员的转化,以及流量由公域往品牌私域的转化都有积极作用。

随着全渠道体验丰富,会员权益的"体验平权"会是业务需求的必然。

用户标识通背后的主要商业逻辑是获取流量增长,会员身份通背后的逻辑是彰显品牌的渠道覆盖面,并突出自有渠道的信息不对称优势,而会员权益通才是让会员通回归以顾客体验为中心的服务理念,构建能让顾客直接感受到的、不同业务渠道下的平等体验。伴随着传统零售企业的数字化心智由一味从第三方获取流量,转变为与第三方一起构建顾客体验,传统零售企业的数字化格局上了一个台阶，真正地开启了全渠道的阶段。

四、顾客资产通

会员体系中，会员积分是重要组成部分，积分获得与兑换使得复购率与顾客忠诚度有效提升。会员积分通常被涵盖在会员权益之下，同时，积分被使用的时候，可以兑换折扣券、商品等有价物，所以不管从财务角度还是从顾客体验角度，会员积分是具有资产属性的。

通过资产与实物的兑换，以及资产与第三方资产的交换，全渠道通过会员体系的全面互通可以延伸出更多场景。因此，资产通是会员权益通在业务场景和数字化能力上的进阶。

既然是作为一种资产，那积分应用就免不了财务上的合规和对账，甚至会考验财务对积分的性质认定和处理方式。比如，将积分视作数据资产，和将积分认定为某种"货币"，在业务实践中就会产生差异。

一旦认定为货币，在实践中就必须表明积分与法定货币之间的固定比例关系，并且需要支持任意数量的兑换。这个规则虽然可以在各个场景中保持标准性，让支付与兑换方面的数字化能力建设一劳永逸，但同时也给财务入账以及企业实体间复杂的结算关系带来诸多挑战。

资产通并不局限于会员体系，也不局限于积分形式，所有有价类资产都可以实现打通。比如顾客购买的充值卡、代金券等。在与金融银行类的第三方进行全渠道合作时，资产通会更容易扩展到会员积分之外的资产部分。金融银行类的手机应用中常常出现推销各类卡券的场景，传统零售企业遇到这类合作时，可以获得对方的忠实会员流量，拓展更丰富的全渠道体验。同时，第三方合作渠道下产生的资产类场景，也可以转化为传统品牌零售的私域场景。

第三节 全渠道与中台

中台是一个随着全渠道讨论而高频附带的话题。作为一个最早由互联网企业提出的概念，中台在被传统零售企业吸收进数字化转型的实践中时，难免会有一些认知上的出入和误解，造成实践的效果往往不尽如人意。在对中台一知半解却又趋之若鹜的趋势下，传统零售企业需要客观、全面地看待中台，识别中台对自身数字化转型战略和全渠道模式的赋能价值，避免被市场上的宣传误导。

一、互联网业态中的中台

虽然中台在传统零售企业中，大都是标榜"数字化能力的复用"，但事实上，中台是一种适用于互联网线上线下结合数字化业态的业务模式。比如，大家常用来解释互联网中台出处的滴滴，就是一个典型的结合线上渠道、数字化计算能力与线下传统用车服务的互联网业务。

在笔者组织的一次传统零售企业技术高管参加的线下活动中，某国际知名技术服务咨询公司中国区首席技术官分享过这样一个例子，笔者整理出来和读者分享。

以滴滴为典型的互联网业务有很强的地域性，互联网业务本身发展的基本逻辑，都是先在一线大城市（北京、上海、广州和深圳）推行和试错创新的业务模式，在得到验证后，加速融资的同时，逐渐往次一级城市复制业务。城市之间的阶梯层级关系，不仅对应着用户消费能力、用户总量等业务维度的考量，也是用户心智、使用习惯、学习成本、对新业务接受程度等一系列体验维度的参考。

鉴于城市等级及业务开展时间的有序差异，互联网企业可以顺着这样的城市等级差异，依次有序地铺开互联网在本地的业务。以图 6.4 为例，最初的互联网业务 1.0 版本在一线城市得到验证后，就可以有序地在二线城市进行推广和复制。与此同时，原本一线城市的业务也可以继续做创新，尝试迭代出 1.1 版本，从而完善整体的业务能力与服务体验。就这样，业务可以在城市之间，以类似流水线的方式不断演进。图中的业务能力的版本迭代仅作示意，现实中的更迭不会那么理想化，不同城市之间的业务能力会因为地域文化和当地政策法规等的差异而时有调整。这就是互联网企业创造中台模式的用途——快速横向复制业务。

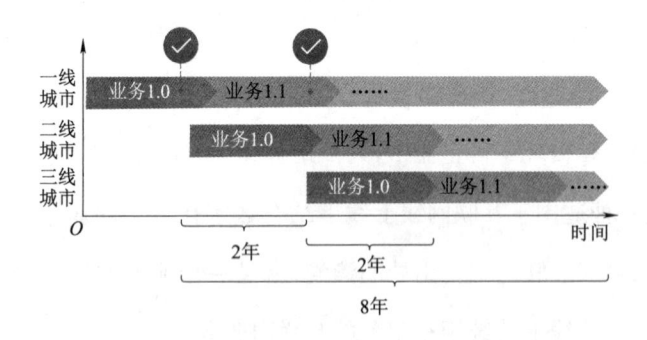

图 6.4　城市等级与业务复制、发展的关系

中台模式对于互联网企业的最大价值，是可以确保一套被验证为有竞争力的业务，可以通过复制，在很长的一段时间内推动营收增长。如果继续以图 6.4 为例，假设业务顺着城市级别，每一级城市的铺开到覆盖完成需要两年时间的话，考虑到城市数量会随着城市级别的降低而增多，四个级别城市的完全铺开需要 8 到 10 年的时间。如果业务有更多迭代潜力，业务模式在一开始的创新所带来的后续生命周期与盈利空间将进一步放大。

按照自然时间线维度，或许很难看出中台对于持续发展的价值，那我们可以像图 6.5 所示那样，以数字化能力的时间轴去加以理解。假设一个互联网的创新业务于2016年在上海获得了验证,又假设城市推广和业务迭代都以两年为周期,那么当一个用户在2018年的上海所体验到的业务,将需要在2020年才能在无锡获得同等体验。而如果在扬州则需要等到2022年,常德则需要到2024年。创新和迭代业务的前期主要成本都在创新、实现和验证上,后期的业务铺开的成本相较于营收比例极低。因此,从第一次得到业务验证的2016年,到最后能继续发展受益的2022年,就有六年的发展期。而如果业务每两年可以获得大幅的改进与创新,可以继续滚动这个收益的时间线。这样就构成以业务能力为主视角的相对时间概念,我们可以命名成中台的"时间相对论"。

上海2016	=	无锡2018	=	扬州2020	=	常德2022
上海2018	=	无锡2020	=	扬州2022	=	常德2024
上海2020	=	无锡2022	=	扬州2024	=	常德2026

图6.5 中台时间相对论示意图

中台的时间相对论之所以是业务模式,是因为它给了互联网企业和投资人一个明确的业务模型,可以建立商业预期,预测一个被验证过的业务需要多长时间、发展到多大规模。因为人口规模、人群适配度,以及其他业务需要考量的属性,都和城市等级有着密切关联,而中台的技术复用,则只是一个衍生收益。

中台的原始意义在于复制,而不仅是复用。复用的含义在于以一套中心化部署的系统服务来支持不断扩张的业务,比如,部署一套平台系统,来支持不同城市的业务数据共享,以及标准化不同城市的业务流程。而复制则是以同一套系统,因业务在城市级别的扩张而独立部署。比如,滴滴的司机与乘客的匹配,都是按城市维度来承载的,上海的司机不需要知道西安的乘客,因此,承载司机与乘客的匹配能力在被复制的系统服务之间不需要打通共享。

同时,中台复制的是整体的业务能力,而不仅是系统。诚然,系统镜像化、可快速复制化是业务快速扩张的必要条件,但仅有系统的复制是不够的。本地运营、系统运维、基于本地法律法规与文化民风的适配调整等,都需要额外的开发维护资源和成本。得益于优良架构的系统所带来的易用性与自动化,针对当地额外定制开发、运维和运营的成本都相对小,相对地使业务复制具有极高的投入产出比。

中台之所以叫中台,总是对应着前与后,所谓前台和后台都是基于业务视角的概念。以滴滴为例,前台对应的是 App 和一些应用触点,这些可以大比例被共享,而后台则是财务税务等一些企业整体管理上最底层的基础部分。前台和后台都可以在不影响业务扩展的情况下被很好地共享,并且有利于企业作为一个统一对外的品牌展示和内部核心的商业管理。

随着互联网的商业化浪潮,互联网企业会将一些数字化能力沉淀为产品,有偿地赋能给传统企业,特别是帮助传统零售企业在全渠道、数据运营、数字化营销等方面转型和提升。因此,互联网企业和很多解决方案厂商,开始借着中台概念的热度,在市场上推出各类数据中台、业务中台、技术中台等系统产品。

对于互联网企业和解决方案厂商而言,这样的商业化输出也算是对中台业务模式的实践。因为系统产品在有了前期研发投入和几个标杆企业客户的验证后,同样可以复制给许多顾客使用,也同样可以根据顾客体量、行业排名等类似城市级别的阶梯分组方式,有序地拓展业务。所以即使不同于互联网本身的中台模式，复制部分不包含业务主体，只停留在系统本身和有限的赋能服务，但这个模式依然符合"中台规律"。

对于传统零售企业而言，原本因地扩张的传统业务并没有可被复制的数字化能力，而数字化转型下的业务新模式大都是中心化的，并不存在业务维度的横向复制。因此，传统零售企业并不需要借鉴互联网中台的业务模式。中台概念对传统零售企业而言，只是强化了企业需要构建和使用平台化系统的共识，帮助传统零售企业在数字化能力建设中有更好的数字化架构设计意识。

二、传统零售业态中的中台

虽然传统零售企业并不需要真正意义上的互联网中台业务模式，但传统零售企业对采用中台的普遍共识和广泛实践，依然对加速数字化转型起到非常积极的作用。中台概念在传统零售企业的使用场景中，由一个业务模式转变成了一个理念，帮助企业以领域驱动设计的科学方法，规划数字化业务能力、接入互联网的数据运营能力，以及通过优化重构技术架构与运维方法，全面提升数字化业务的迭代与支持效率。

1. 核心理念与目标

中台在传统零售企业的运用中，依然保留了中文的博大精深，两个字分别兼顾和统一了传统零售企业对业务的理解，以及互联网企业对技术的理解。中字对应的是前与后，对传统零售企业心智而言，中台就像图6.6所描述的那样，不仅在业务上有前端和后端，在门店运营管理上也有前台和后台的说法。中台在业务上，是在前后之间，向顾客体验与业务运用这两侧赋能。"台"字既对应业务上的前台与后台，也对应了技术上惯用的平台概念，赋以高稳定、高扩展、高复用、高可用的期许。

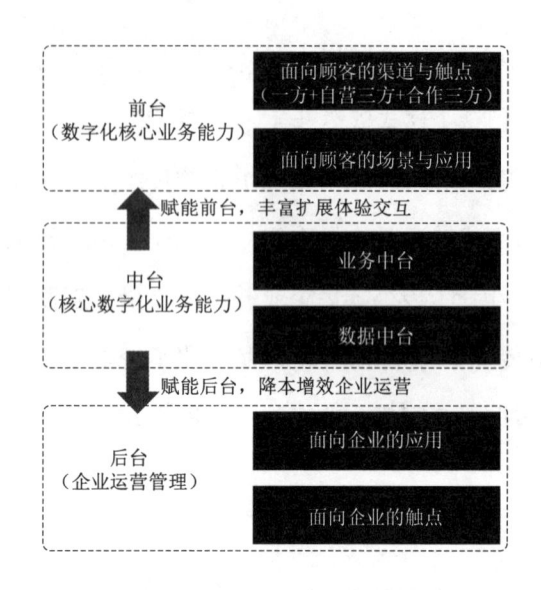

```
           ┌─────────────────────────────────────┐
           │          面向顾客的渠道与触点          │
   前台     │       (一方+自营三方+合作三方)       │
(数字化核心  ├─────────────────────────────────────┤
 业务能力)  │          面向顾客的场景与应用          │
           └─────────────────────────────────────┘
                    ▲  赋能前台，丰富扩展体验交互
           ┌─────────────────────────────────────┐
   中台     │              业务中台                │
(核心数字化  ├─────────────────────────────────────┤
 业务能力)  │              数据中台                │
           └─────────────────────────────────────┘
                    ▼  赋能后台，降本增效企业运营
           ┌─────────────────────────────────────┐
   后台     │          面向企业的应用              │
(企业运营    ├─────────────────────────────────────┤
 管理)     │          面向企业的触点              │
           └─────────────────────────────────────┘
```

图6.6　中台对于传统零售企业前后台的赋能关系

这些点汇集起来，就是传统零售企业和互联网企业共同的中台核心理念：构建符合业态发展需要的数字化能力集合，通过以数字化能力的重用重组为主的方式，支持业务场景、强化业务流程。围绕中台的核心理念，传统零售企业在日常实践中想要实现的中台，并不是一整个数字化系统，而是由一个个不同领域系统组成的数字化业务能力中心，每个中心根据传统零售企业自身需要，以领域驱动设计的科学使用方式，支持特定领域下的数字化业务能力。

传统零售企业按照各自的业态情况，可以划分出一个个中心领域。有时，划分方式是通用常见的，比如划分成订单中心、会员中心、库存中心等；也可以根据自身业态创造、拆分或者合并领域，比如划分成订单中心、用户中心、会员中心、支付中心、履约中心、逻辑库存中心、供应链中心等。每个领域中的能力中心都可以是一个单独的解决方案，用来强化和构建领域内的数字化能力，同时，不同中心之间提供的数字化能力可以组合成不同的业务流程，从而构建不同的业务渠道下的不同业务场景，为顾客设计一致或差异的体验交互。

领域划分不是一劳永逸的。只有当企业的业务形态足够复杂，需要一个单独领域来承载"可被复用的数字化能力"时,才需要划分出独立领域。比如,一个传统零售企业只依靠门店 POS 和电商平台来收款,不需要构建出可被复用的支付能力,那么即使支付是传统零售业务流程中的一个重要环节,也不需要急着划分出一个支付中心。

所以,领域划分其实是可以按需分批进行的。在业态变化到一定程度时,领域的划分也可以按实际需要重新拆分或合并。如果企业可以获取到数字化/企业架构师的支持,那么无论在中台或是全渠道,还是在企业的整个数字化转型过程中,都可以更好地规划不同数字化能力的组合,平衡业务需要、数字化能力以及技术之间相互的支持与依存关系。

2. 业务中台与数据中台

中台在实践中会被分为业务中台和数据中台。这个分类方式是互联网企业在对中台组成部分的归纳中提取出来的(如图 6.7 所示)。互联网企业习惯于以自身技术与数据来驱动产品,继而打造业务,因此它们理解中台作为一个可被复用的 IT 系统,沿用了相同模式,从技术一步步构成业务,分层各自提升、逐层赋能。

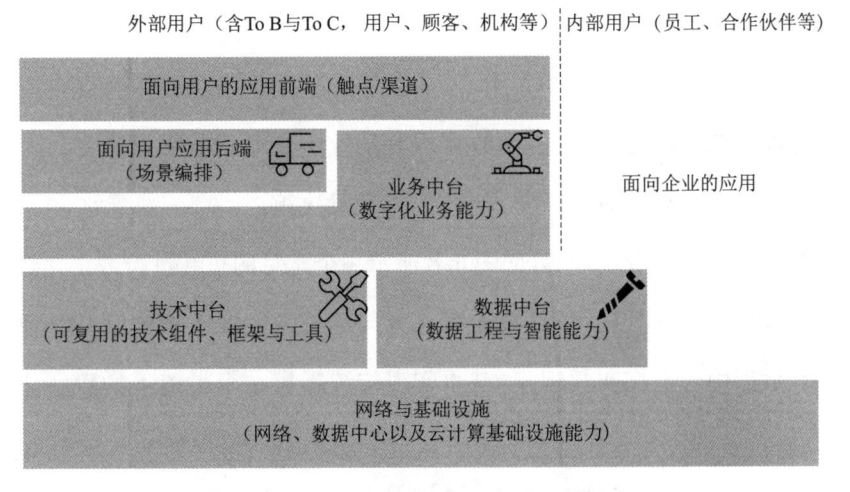

图 6.7 技术视角的中台组成部分及所处位置

技术中台就好比是好的工具，用来提升开发效能和质量，同时还能为运维保障提供底层基础。数据中台就好比是好的材料，工具加材料就可以组装成一定功能的设施，成为具有业务能力的中台，通过不同功能组合成业务流程，应用于不同的业务场景，适配于不同的业务渠道。

在以技术为视角的中台分层中，业务中台和数据中台是业务人员通过端到端的业务场景可以接触、使用和理解的，而技术中台及以下的部分，则是每个中台系统都需要用到的底层技术，业务很难具象感知到。同时，对于以业务为主的传统零售企业而言，业务中台和数据中台的部分也是企业业务与IT实现数字化业务能力和适配数字化运营能力的核心关注。

与技术角度上数据中台支持业务中台的模式类似，从数字化能力对业务的赋能角度看，数据中台也同样是业务中台在自动化与智能化领域的基础。但根本差别是，在技术视角中，中台的各层组成部分都是必需的，底层是上层的实现基础；而在业务的视角中，业务中台影响数字化能力的领域大小，数据中台影响能力高低，逻辑上的依赖关系，在企业明确优先级时，是可以选择性放弃的。

业务中台部分的各个能力中心，承接的是整个零售企业数字化业态下的业务能力与核心运营能力，而数据中台是让企业通过数据资产与人工智能来实现自动化与智能化，从而降本增效，驱动决策。

为了更方便直观地理解，如图6.8所示一个常见的正在进行数字化转型的传统零售企业，应该已经具有了第一方与第三方的业务渠道，同时，业务中台和数据中台也都初具规模，基本实现传统零售在全渠道下的数字化架构格局。

从营销、订单再到复购，从第一方到第三方，从渠道触点到企业运营，业务中台的各个中心像是手脚,按领域承接了核心的业务能力,流转执行了核心的业务流程。

而数据中台更像是一个"智慧大脑",帮助手脚更协调、高效与智能,使得数字化业务"多快好省"。通过经验驱动与数据驱动的结合,用人工智能辅助人工决策,用自动化协助人工运营,可以让企业运营成本相较于业务成长,保持固定或线性关系,同时也让新业务、新体验、新渠道的扩展在标准能力的基础上不断迭代,降低业务扩展成本,提高响应效率,维持数字化能力稳定性。

图中所示的部分只是一个示意,实际的渠道范围、应用能力、中台内容与业务覆盖会根据企业的业态与规模有巨大的差异和各自的特性。

在整体能力规划的角度,数据中台是通过智能化赋能企业的要素,是业务中台发挥效能的基础。而从业务和数字化发展路径角度,结合图6.8所示中的架构格局来看,业务中台所代表的数字化业务能力,才是数据中台真正能发挥作用的基础。

如果一个传统零售企业,完全没有数据和算法驱动的智能化能力,仅通过自身业态数据和业务经验的决策判断,也是可以发展业务的。所以,逻辑上说,数据中台的缺失并不影响业务中台的落地实施。

如果反过来,企业过分侧重数据驱动和智能化基础能力的建设,有强大的数据中台却没有业务中台,那么,数据中台将不得不面临一个实践上的窘境:既没有足够完整的数据输入来支持数据驱动和智能化,也没有足够丰富的数字化场景体验,承载和体现数据智能带来的结果。如果顾客最终依然无法感受到智能化的便利,只会给运营人员徒增工作量,加重运营成本,拖累业务发展。

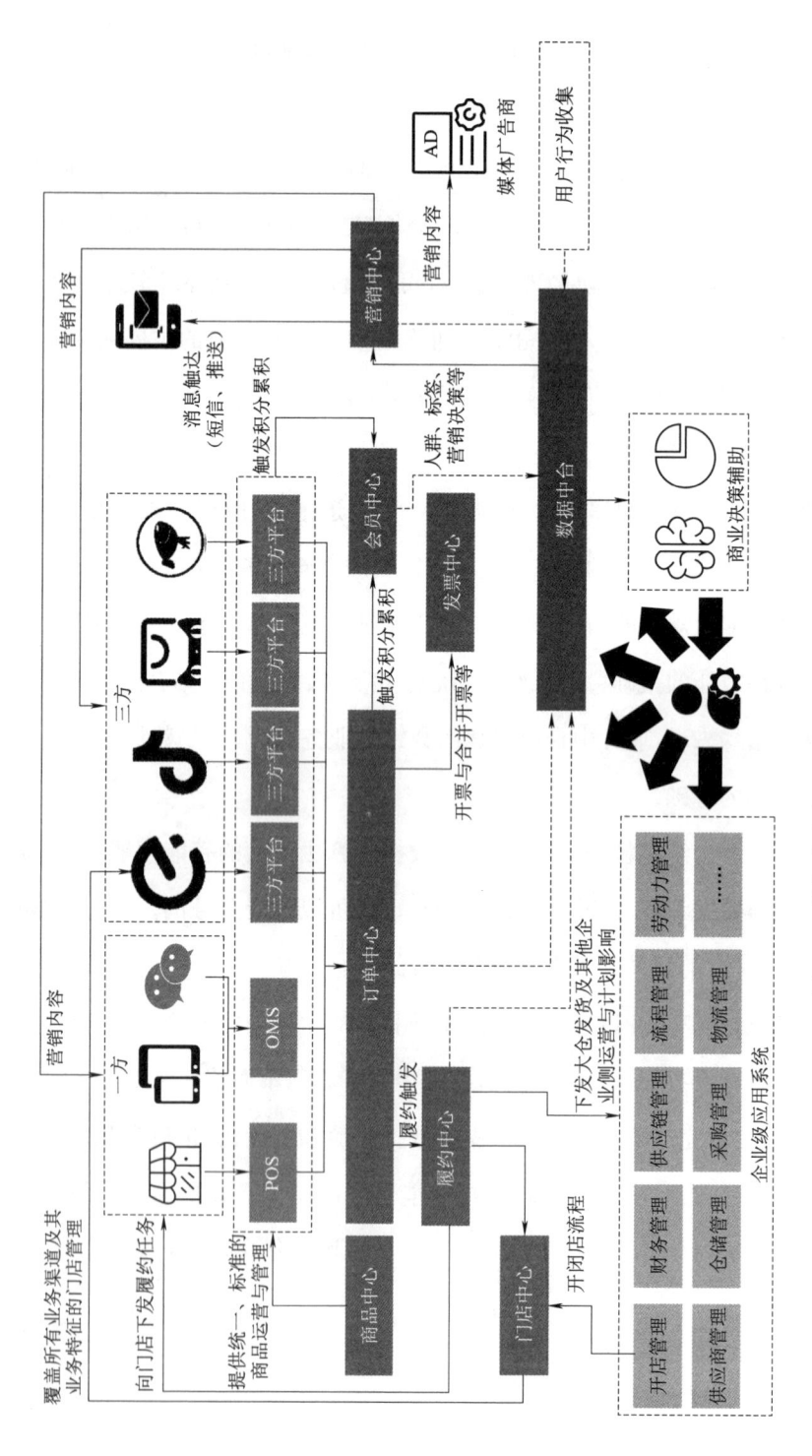

图 6.8 数据中台与业务中台如何赋能前后端的示意

更现实的情况是，对于许多传统零售企业而言，如果没有业务中台对领域业务数据的集中收纳和管理，不仅是顾客产生的业务数据，就连企业产生和管理的主数据，都会因为一个个独立的解决方案而让数据散落各地，造成数据孤岛，甚至让数据之间产生冲突。

我们要强调的并不是业务中台比数据中台更重要，而是这两者的辩证统一、相互依存关系。缺了任何一个对整体的数字化能力架构都是遗憾。但在如何一步步建设数字化能力的选择上，特别是让业务能真正理解和适应数字化转型，通常需要让业务中台走在数据中台前面。

对于多业态多品牌的集团而言，情况会更复杂一些。对于单个品牌而言，依然是业务中台的需求在先，数据中台的需求在后。然而，如果多品牌之间的业态差别很大，那业务中台自然就无法跨品牌共享，因为背后业务的偏重、心智、运营、流程等各个方面都会存在差异甚至是冲突。而数据中台不仅可以跨品牌和跨业态共享，还可以让各个品牌借助其他品牌与业态突破自身数据收集的局限性，得到对同一个顾客更完全的标签画像。

有人可能会说，市场上业务中台与数据中台的产品中，绝大部分都不是我们刚刚描述的关系。从市场上实际产品的范围来看，的确是这样。业务与数据本来就有着密切的关系，业务中台中有数据，数据中台最终也是为了业务应用。

当业务中台和数据中台以产品化的方式呈现出来，厂商普遍会选择在一定程度上模糊业务中台与数据中台的分工边界。那是因为，作为一个产品，必须能迎合业务需要的端到端的全链路能力，所以业务中台与数据中台都跨界地包含了一部分原本属于对方的能力。而又因为在不同体量与风格的传统零售企业中，业务部门和IT部门都会需要采购中台产品，所以业务中台和数据中台分别迎合了两种专业背景的甲方心智，更好地实现产品的商业化。

但最终，不管产品包装如何新奇，范围如何不断外延，业务中台与数据中台所定位的数字化能力和应用场合，还是不变的。

打个比方，水果店就是厂商，某水果店对于苹果的渠道把控和质量控制非常专业，但为了迎合顾客买水果送礼物的需要，水果店会有水果篮，里面搭配其他水果。但不管水果篮里各种水果数量如何分配，苹果终究还是苹果，香蕉也终究是香蕉。

3. 传统零售企业如何选择中台产品

如果传统企业无法完全自建或者定制开发中台，那么采购中台产品在转型初期就成为唯一的选择。面对百花齐放、形形色色的中台产品，除了实际功能之外，企业更需要审视中台产品的未来规划，以及中台厂商是否能长期共同发展。

中台产品是承载传统零售企业数字化能力的核心，而中台厂商的认知又会直接影响中台产品在未来的能力演进。因此，评估中台产品厂商是否与传统零售企业有着接近或兼容的数字化转型认知，就格外重要。

如果在接洽初期，双方就已经意识到相互之间对数字化转型的理解有巨大差异，长期错配发展，势必无法满足企业需要，面临中途更换中台厂商的可能性。这样对业务持续性、数字化能力集成以及数据完整性都会有很大影响，给企业内部各个职能带来不便。与其这样，不如在一开始就找一个适合的厂商，即使产品能力偏弱，也可以靠共创共建来快速弥补。

企业在经历数字化转型的过程中会经历多次理念蜕变，其中一次就是在对需求的认知上。传统业务模式下，业务需求都是明确具体的，有背景描述，有业务流程定义，常常也会有界面设计，需求针对的都是项目中的具体结果。

而在数字化转型过程中，抽象的需求比比皆是，在很多时候，需求只能描述为原则性的(往往也是模糊的)目标、边界、场景。有时,项目中的阶段性里程碑都无法在初期予以确定。这些大大小小的不确定性,包括阶段性里程碑的具体定义,都是在项目过程中,由业务和IT团队共同制定、灵活调整的。在这样的情况下,需求无法在初始就直接挂钩结果,只能挂钩实现过程。

过程的正确与否,很大程度上决定了结果的成败。而整个过程的历时可能很长,鉴别过程是否保持正确,需要较长时间,并背负较大风险。因此,协作参与方需要靠根本认识上的趋同与长期协作意愿,来确保过程和结果的可控。

所以如图6.9所示,传统零售企业在面对厂商和合作伙伴选择的时候,原先只是看问题是否被解决的结果导向(点),就需要转化成关注数字化整体赋能的过程导向(线),通过对整个赋能过程的确定,来解决过程中一个个已知或未知的问题。在过程中,厂商和合作伙伴是否能够与业务、IT等团队良性协作,取决于各方是否有着共同认知、相同愿景与长期合作意愿。只有认知、愿景与意愿的双向确定,才能支撑一个个正确方向的形成。从点到线再到面,是一个探求归因过程,而从面到线再回到点,则是一个共同信念下对未知的求解过程。

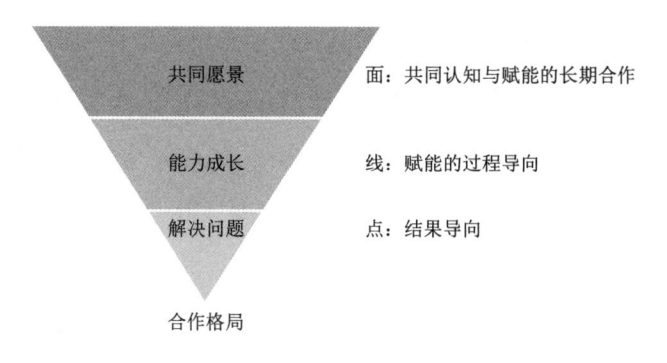

图6.9 数字化转型下甲乙方的合作格局

有一些中台解决方案的厂商(乙方)，能够很好地理解传统零售企业客户的业务目标和战略方向，也能凭借自身产品优势和行业经验积累，切实赋能零售企业数字化转型，有能力让协作过程和结果都顺利圆满。但是，由于自身战略或利益诉求，一部分厂商只愿意接受足够通用的场景需求，打造自身产品的护城河和封闭域。这样的状况使得厂商的数字化能力无法真正意义上赋能给传统零售企业客户，让传统零售企业的数字化转型发展受限于厂商自身的利益诉求，甚至会因为缺乏完整的赋能过程，使传统零售企业实践路径上的偏差被长时间地积累，最终让传统零售企业为厂商的发展承担不必要的风险代价，影响自身的数字化转型质量。

换个角度去看，由于传统零售业态本就丰富多样，企业之间的差异性明显和巨大，同时又是灵活创新和敏捷求变的行业，跨领域的创新打通、跨行业的体验合作等也时有发生，中台解决方案厂商事实上很难有一个完全通用化的中台产品，去覆盖和匹配大部分传统零售企业，也因此，中台产品需要有充分而全面的开放度。

即使中台解决方案厂商主动缩小范围，只去匹配相近业态和场景的客户企业，尝试通过一系列抽象化、通用化的业务流程环节，最大化可以被复用和产品化的部分，但由于厂商市场现状、业务理解、发展方向、开发重心等各个方面的认知，难以始终与传统零售客户企业的期望保持趋同，有时不得不存在诸多矛盾。由于厂商对企业提供赋能和服务的不可持续性，企业就需要结合自身短、中、长期的规划和发展需要，提前评估厂商和产品与企业需要的匹配程度，识别数字化能力建设风险，考虑继续使用这家厂商或是换厂商的各类影响。

中台产品的通用特性也带来了信息安全的考量。不同业态、不同属性的传统零售企业，都会有不同的信息安全标准或流程。不管是本地部署还是SaaS,都需要考虑数据在存储、传输和应用过程中的安全性。在数字化业态中,信息安全不仅涉及技术管理层面,也同样涉及业务管理层面。比如,在业务的体验与流程中以什么方式分享顾客标识、联系方式、是否脱敏、是否控制访问权限等。这些和安全有关的需求都会影响顾客体验。

不管是多么"门当户对"的中台产品,对传统零售企业的数字化转型而言,都只是一种工具,而不会是灵丹妙药。从线下门店到线上渠道,零售都是一个重运营的行业。传统零售企业如果只考虑能力、体验和交互,而不带着运营一起提升和转型,那么这条路总是走不远的。所以,对传统零售而言,不管是定制开发还是产品采购,最终提供的都是赋能服务,让企业能够有内生的数字化运营能力与心智。传统零售企业自身需要有这个觉悟。同时,数字化服务商不仅要授之以鱼,更要授之以渔,让数字化运营能力及其理解在企业内部得以内化,这样企业才能真正地走完一轮迭代,与内部各职能以及外部资源一同拓展下一轮迭代,螺旋式前进发展。

三、中台对全渠道的价值

从理论上说,中台与全渠道并不是完全的因果关系。中台的应用不是全渠道成功的充分条件,全渠道也不是去应用中台的必然前提。但从实践角度,当企业有了以中台为理念搭建的一系列业务能力中心之后,中台事实上会对全渠道的业务能力产生巨大的价值。

凭借优越的中台架构,企业的数字化能力能深入支持全渠道战略。在业务上,中台可以提升全渠道发展和落地效率;在数字化运营上,中台可以结合互联网思维的零售实践,提升用户运营效率;在商业合作和门店运营上,中台也可以提升内部业绩和运营的透明度。

通过中台对业务的覆盖和支持,企业可以提炼成功经验,复制并扩大业务优势,改善一部分合作经营规则。因此,中台战略被广泛认可为传统零售企业实现全渠道的最佳实践,并且那些能给企业带来优越中台能力架构的架构师,都长期成为炙手可热的招聘对象。

1. 对全渠道发展效率的价值

在所有影响中,最直接和明显的就是效能影响。全渠道的业务渠道与场景是一个组合关系,每个场景是由一个个承载数字化业务能力的流程来组成的。当中台以很小的成本快速构建成一个新场景的时候,它能复用的部分,不仅是简单的系统功能,也不单是对顾客体验的承载能力,同时也包含了对应的业务运营流程的构建能力,以及支持业务的数据管理能力。

以图6.10所示为例,假设一个企业所具有的中台能力包含营销中心、商品中心、订单中心和履约中心这四个传统零售最核心的业务能力,并且企业基于自身业态特点对每个中心进行了合理划分。比如:

营销中心的能力包含分享裂变能力、千人千面能力、发券能力、会员活动能力等;商品中心的能力包含了按照门店上下架商品的能力、实物商品管理能力、虚拟商品管理能力、体验服务商品管理能力等;订单中心的能力包含多渠道收集订单和适配数据格式的能力、识别和指派业绩门店的能力、基于订单类型指定履约类型的能力、基于发票实体合并开票的能力等;履约中心的能力包含识别履约类型分发履约的能力、对O2O订单根据门店繁忙情况指派门店的能力、对大仓发货的订单指派发货仓的能力、对第三方履约方选择和指派的能力等。

通过这些能力,企业就可以在范围里自由组合业务流程的核心逻辑,然后通过上层应用来实现进一步具象体验。继续以图6.10所示为例,分享裂变(营销能力图案1)可以以微信和品牌自身App为载体,根据实际的业务流程和阶段不同,直接发券营销(营销能力图案3)或是参加会员活动(营销能力图案 4),其中发券形成的营销活动也可以是让门店设立二维码,顾客扫描二维码后直接参与。发券营销(营销能力图案 3)和会员活动(营销能力图案 4)都可以是为了推广营销某个或者某些商品,基于商品详情(商品能力图案 1)的展示,通过不同的应用进行成单,最终通过订单汇总(订单能力图案 3)汇集到订单中心。

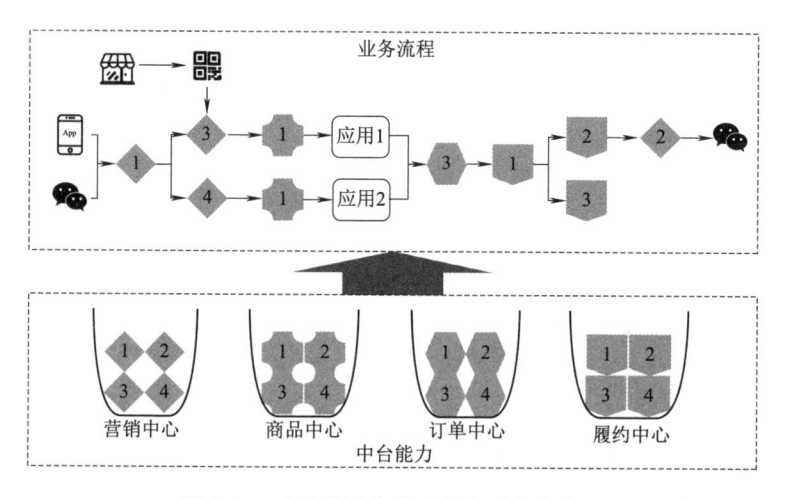

图 6.10 中台能力如何复用组合业务流程

订单中心将订单信息下发给履约中心后,履约中心通过识别履约类型(履约能力图案 1),分别进行大仓发货(履约能力图案 2)和到店履约(履约能力图案 3)。而大仓履约的体验和流程结束后,可以发起下单后裂变的营销能力(营销能力图案 2),继而通过微信进行社交传播和推广。接受分享的人将有机会继续重复这样的整个业务流程。

能力复用的价值不仅在于投入产出比也即经济考量,还在于时间。零售是一个关注业务变化响应速度的行业,许多业务趋势、体验做法都需要快速引入、借鉴、融合再创新,社会热点事件和顾客好奇度都是稍纵即逝的。以往的快速开发很难在质量好与速度快之间做到两者兼顾,运营也充满了低效的人工处理,人员成本、沟通成本很高的同时,还未必能把业务运营好。

而当传统零售企业具备了广泛的数字化业务能力基础以后,就具备了稳定成熟的运营流程,可以从容不迫地快速响应新变化。

2. 对数字化业务策略格局的价值

除了对业务实施带来有力支持,中台也对数字化业务模式的发展有推动作用。我们常说企业要构建数字化的业务能力,而不是局限于构建数字化的业务流程,这样企业可以从"业务领域本身应当需要做什么"的角度来设计,或是在快速试错与业务验证通过之后重新归纳、延伸和补全数字化业务能力,而不是每次都按照需要的业务流程去不断"重复造轮子"。重复建造不仅意味着无谓的投入与低效的产出,也同时带来了重复集成的浪费和最优集成的障碍,以及系统架构不稳定的风险。

中台是承载和发挥核心数字化业务能力的载体。企业业务部门通过不断参与规划、构建和完善中台的能力架构,逐渐抛弃原有以业务流程来驱动的决策模式,转向以业务能力来驱动的决策模式。从短期看,在中台落地和迭代的过程中,企业可以快速试错,不断修正其业务战略与数字化战略,梳理和识别自身发展的重心与优先事项。从中长期看,业务、产品与IT等各个背景与职能的部门之间,也有机会通过具体实践和协作,来加深相互了解,可以形成共同认可的规划,形成更强的合力,发挥适合企业实际情况和业态的数字化能力。这些都为之后迈向数字化转型的第三阶段,构建数字化平台与生态打下了基础。

3. 对企业运营的价值

中台所承载的数字化能力组合与编排,不仅体现在顾客对体验提升的感知上,同时也一并赋能了企业侧对应的业务运营。在营销运营、商品运营、订单履约的运营等各个方面,各个能力中心都提供了传统零售企业内部平台化的运营能力,并驱动传统运营往数字化运营做变革。

全渠道数字化业务在很多场景中都逐渐替代了传统的线下交互,对应的运营工作,也从企业员工身上转移到自助化系统上。而那些依然需要人力交互的部分,凭借着数字化技术,比如视频、语音、即时聊天工具等,从原来的按门店独享,转变成整体或按区域范围共享,从原来的单一职能,转变成复合职能。

中台提升了运营的范围,也通过平台工具提升了效率,让运营慢慢地往自动化和智能化方向迁移。

以中台为数字化运营的载体,这种转变可以发生在大多数的业态中,并在基本保证原有服务质量的前提下,在各个方面降低了运营成本,提高标准化程度,降低人员流动、培训等人力资源上的风险。由于中台是中心化的,数字化运营的范围、权限可以根据组织部门、区域管理等不同维度,设立不同的授权范围,让零售运营可以更好地平衡可控性和灵活性。

此外,对于类似O2O模式等需要结合数字化与传统门店的业态,中台是全渠道业务和数据打通的载体,能清晰体现全渠道全链路的业务状态。因此,对于原先传统门店中一些简单决策的运营行为,中台也可以实现基础的自动化和智能化,并以此为基础,降低人力运营复杂度和强度,甚至可以降低企业计划运营的复杂度。

一个典型的例子就是门店补货。过去门店都是在定期盘货后,做出库存补货相关的决策,比如,补什么货、补多少货。在这个过程中,以往都是基于固定标准的流程、安全库存的设定,配合固定可靠的供应链和物流,来确保安全库存的补货计划可以满足日常销售运营。当订单中心、履约中心和商品中心具有覆盖全渠道的数字化能力时,就可以实时监控相关库存,基于预设规则实时执行补货流程。

倘若在供应链和物流方面,也能建立起对应的数字化中心,那么供需两侧就有能力从原来的周期性监测升级为实时性监测,继而实现从原来的静态平衡转化为动态平衡。供应链和物流发生延误,就可以自动智能地放大提前量,最大程度提高仓库与门店的空间使用率和物品周转效率。

4. 对企业商业合作模式的价值

传统零售灵活、复杂的商业合作模式,为业务的开疆拓土提供便利的同时,也在事实上因运营与利益的巨大差异化,影响了业务运营与营销私域的标准统一。

在传统的业态下,像加盟、授权、经销等多样性模式,可以尽量多地实现求同存异,提升销售效率。而到了数字化转型和全渠道的阶段,构建全生命周期服务与体验的过程打破了原先平衡自洽的商业模式。中台战略的合理使用,在赋能全渠道自身业务能力的同时,也可以平衡全渠道与商业模式上的冲突,甚至促进不同商业模式的推广。

全渠道需要依赖顾客业务数据的打通共享,以及具有品牌力价值的营销私域,一旦这个私域因为传统商业合作模式而变得分散时,在数据和技术层面上,自然就会影响以订单为核心的全生命周期的数据相互打通,影响用户的标签与画像的完整性。而在业务上,自然就会影响用户体验、黏性、忠诚度,最终影响品牌力。

对于传统品牌零售企业而言,面对灵活复杂的商业合作模式,如何既保持品牌文化的一致性,产生合力,又能提供各自发挥领域优势的空间,是需要在实践中长期探索的课题。作为一个中心化的数字化业务能力,中台不仅可以汇聚业务数据,承载统一的私域,还能在适配不同业务运营能力的同时,细化商业边界与运营颗粒度,实现中心化与区域化结合下多层次的运营体系。

比如,企业可以划分领域和层级,确定哪些内容、标准、原则是必须遵照品牌总部执行的，哪些可以在标准框架内，留给不同合作方独立发挥。这样可以在大体上保证品牌力和体验的一致性，也能激发不同合作方在不同地域和不同领域的主观能动性。通过中台数字化能力对场景与数据的全覆盖，借助灵活配置的数字化运营能力，企业将可以在大幅度复用数字化能力的同时，打造"可配置"能力，让中台得以适配、覆盖和超越商业合作模式来实现赋能全渠道战略。

通过业务服务能力、业务运营能力以及业务数据汇总，中心化的业务管理部门将有能力在实时和全面地了解不同商业合作模式下，各个地区、各个门店、各个品类、各个渠道的销售、运营、供应链、仓储、物流等一系列的业务数据，从而为商业合作伙伴在实时运营上提供必要的协助支持。全渠道业务数据透明度的提升，也让商业合作的考核、分润有了更公开透明、公平公正的依据和基础，继而给商业模式的扩张和发展提供了保证。

伴随着不同商业模式的实践，全渠道中台数字化能力也在不断进化，传统品牌零售企业将可以轻而易举地建立大量能力模板，快速复制给不同商业合作模式的伙伴应用。在降低合作门槛的同时，提高品牌方的话语权和控制力。

同时，企业可以在各个商业合作伙伴的实际使用中收集数据，从而把企业内部的中台能力产品化，形成积极的迭代正反馈机制，不断完整、补全和优化能适应品牌业态的全渠道数字化能力，并为后续的解决方案商业化提供基础，帮助传统品牌零售企业转向生态与平台的数字化转型第三阶段。

四、未来的中台格局

中台既然是一种支持传统零售企业更好实现数字化转型的策略，其内涵自然也会因全渠道、O2O、数字化营销或是其他新领域的更新变化而迭代。

新的流行趋势显示，当前数字化的能力缺口指向智能化和内容这两个主题。比如，社交化营销和短视频营销，都对内容的统一性和多样性提出海量需求，内容生产力的瓶颈开始成为很多企业的新挑战。

同时，中台能力就像是支撑起企业数字化创新的重心圆盘，这个圆盘总会以一个相对均衡的方式，水平地整体上升。比如，在人群匹配与效果分析上，内容与数据总是形影不离，在能力上也总是需要伴随形式共同演进。又比如，延伸后的O2O模式会具有IoT属性，需要技术中台和业务中台有更丰富的集成触点和体验控制能力。

可以预见，内容与人工智能（artificial intelligence，AI）将会作为帮助企业快速提升数字化的体验丰富、内容多元、决策智能化的两种基础能力，成为中台的重要组成部分，让中台以新的内涵和能力，帮助企业获得显著竞争优势。

在加入内容与AI的部分以后，中台的组成部分将会扩展成图6.11所示的内部格局。图中带数字的箭头，表示中台之间相互可以赋能的关系。

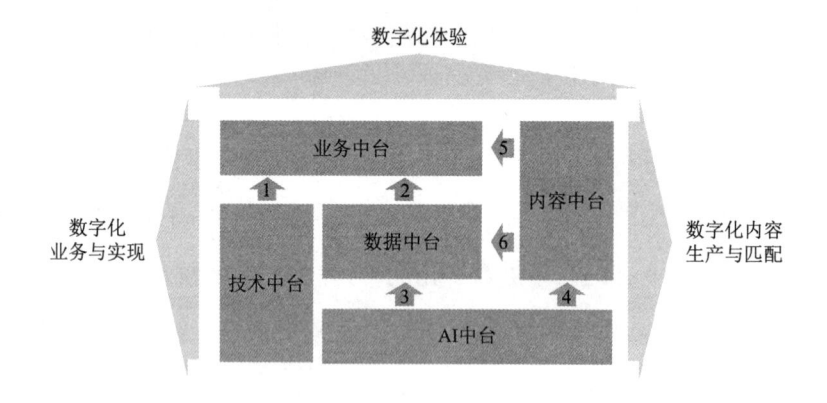

图6.11　未来的中台格局

（1）技术中台可以继续提升业务中台的建设效率与质量。在开发、部署、运维的整个系统生命周期管理中，保持统一化、平台化的技术架构优势。

（2）数据中台可以继续帮助特定业务完成复杂的业务决策判定，帮助数字化营销领域走向超个性化。

（3）AI中台可以基于数据中台做数据挖掘，帮助数字化营销查找潜在规律和特征，实现更全面、更精准的标签归纳和营销效果归因。

（4）AI中台可以帮助内容中台实现智能内容识别与打标签，并帮助内容中台智能和自动化地生产和组合内容。

（5）内容中台支持业务中台展示多元丰富又及时有效的内容资源，如对于商品、门店内容的中心化管理，以及所有与客群匹配的内容资源。

（6）内容中台扩展数据中台中的标签主体，帮助数据中台更好地协同分析，产生不同条件、不同场景下的精准结果。

中台最终还是为了帮助企业实现数字化能力，伴随着企业业态发展，也自然会有新的内涵。持续满足生产力需要，才能让数字化能力更体系化，实现数字化能力的飞轮效应。

第四节 全渠道新业态

当我们在谈论全渠道话题时，脑补出来的画面一般都是门店、电商、O2O这些已经被普遍接受和广泛使用的模式。数字化转型是模式的创新，借助数字化渠道的独特优势，一些之前在传统零售渠道下很难实现的奇思妙想，都可以得以实现，让零售这一社会上最广泛的行业之一，可以更多地跨行、跨业、跨模式、跨群体，开拓新体验、展现新活力。

一、数字化场景异业合作

异业合作在传统零售行业中并不是什么稀奇的新事物，其背后的关键逻辑是多个品牌的交叉联合影响。在传统的模式中，通常以商品上的联名设计为着力点。在大多数情况下，传统零售企业都是和设计、文化娱乐等方面的影响力主体进行合作。这决定了渠道上的合作只能停留在营销宣传层面，很难以场景体验方式持续、深入地发挥作用，在模式上也很难引入其他利益方参与，进行多方异业合作。

传统零售企业具有了会员通与卡券方面的数字化能力时，就可以以数字化的卡券为载体，与更多领域的品牌进行异业合作，在原有的营销宣传基础上，实现可相互融入的营销场景、会员场景，在商品推广、潜客转化、会员拉新、权益绑定等各个方面实现更好的互补效应。

举个例子，各类互联网平台的付费、充值、兑换场景下，都可以通过异业合作，引入零售企业的卡券发放、购买、充值等模式。传统品牌零售企业与互联网平台都有机会引入其他企业进行多方合作，那么异业合作的效应就可以多重累加。更不用说，如果各个参与方都各自有庞大的品牌私域，并且又各自有基于社交的营销场景，那么各个私域之间可以通过相互的社交传播来实现引流与拉新，在短时期内实现用户和流量的指数增长。

传统的异业合作因为局限于特定商品，每次合作都是一个独立案例，而数字化场景的异业合作不会受到商品迭代与生命周期的影响，可以常态化进行，因此，每次合作都可以有机会形成一种具体的合作框架。并且数字化能力复用与配置使异业合作实施效率很高。

数字化场景的异业合作继承数字化本身灵活、动态的优势，为从业务合作升级到数据合作提供扎实的基础。数字化场景的异业合作可以通过相互分享用户画像，实现品牌之间相呼应的精准营销与个性化推荐能力。这对于加强各个合作品牌针对顾客"懂我"诉求的满足，并加速各个品牌塑造更完整全面的用户画像，都有积极的作用。

二、第三方生态触达模式

当数字化场景的异业合作逐渐形成长期、稳定的模式时,就可以从商品和场景合作进一步演化成渠道合作,也即多场景多商品合作,形成第三方生态触达消费者模式(business to business to customer,B2B2C)。

第三方生态触达合作模式继承了数字化场景异业合作的广域适应,但不同的是,第三方生态触达模式的本质是一种渠道合作,因此,传统品牌零售企业可以掌握业务流程的更大话语权和控制权,同时也可以在合适的合作方配合下,将合作的业务流程从虚拟商品扩展到以O2O为典型的零售体验与服务。

可以用传统零售企业与银行业的生态合作来举个例子。现在的信用卡业态下有许多应用,应用中会有商城来支持现金与银行积分混合的消费。传统零售企业可以将自身的虚拟卡券放在银行商城售卖,来提供品牌与商品的曝光度。借助银行信用卡的用户体系,传统零售企业可以在此基础上实现会员通与资产通,让在该银行渠道购买的卡券,可以在银行的顾客端渠道与传统零售品牌方同时展现,相互打通。这样既可以强化该银行在交易支付时的使用占有率,也能帮助传统零售企业会员拉新、促活,培养和提高品牌私域。

有了会员通、资产通和相互私域的交叉渗透,传统零售企业就有场景、有心智、有能力进一步在银行渠道侧增加体验服务,比如将OOD与OOP的模式嵌入银行渠道的顾客端中,强化银行在数字化体验中的支付比重,同时也降低用户体验品牌商品与服务的门槛,省去查找门店、到店和下载App等前置条件,促成会员拉新与订单转化。在这个过程中,嵌入的体验流程会尽可能与品牌方原有的体验流程接近,构成统一的用户体验。

B2B2C模式中,最后被拉进交互体验流程的是第三方生态的原有用户。

如果将受众逻辑从第三方企业用户转移到企业的员工本身，就可以拓展成第三方生态触达个人模式（business to business to individual，B2B2I）。

B2B2I模式与B2B2C模式在生态合作的业务流程上是相同的，可以有虚拟商品的销售，有体验服务的集成和扩展，也都同样是由品牌方主导的业务流程与体验，但对应的场景则有很大不同。

B2B2I模式是针对企业内部员工的福利优惠，而B2B2C模式是针对第三方消费者的营销。因此在表现形式上，B2B2C模式下的折扣促销是渠道层面一轮轮的营销活动，并可结合第三方数据实现精准推荐和千人千面。而B2B2I模式则是稳定的折扣促销和权益扩展，品牌方可以基于不同规模、不同特点的品牌，多样性地扩展忠诚度计划。

毫无疑问，从数字化能力建设的角度，B2B2C模式与B2B2I模式可以分别寻找不同的合作对象。因此，当企业将B2B2C模式和B2B2I模式作为发展重心时，制定标准化、可配置化、产品化的数字化平台能力是一个投入回报比颇高的可复用解决方案。值得欣喜的是，B2B2C模式和B2B2I模式分别面对不同场景、不同人群、不同对象，相互之间并不冲突，可以同时叠加运营。

这使得构建数字化平台能力显得更为划算。相对应的，有了数字化平台能力也有利于更有效地拓展B2B2C模式的生态渠道与B2B2I模式的企业渠道，加速传统零售企业从第二阶段转入第三阶段的步伐，这是在整个社会没有全面铺开B2B2C模式和B2B2I模式时的发展捷径。

三、社群渠道模式

传统零售企业在数字化转型的实践初期，是不断通过数字化能力来快速拓展渠道、获得流量，从而提升业务的。前端丰富体验交互在可标准化和可模板化的前置条件下,可以实现快速复用。

但零售是一个运营多样化的行业,企业的中心化运营侧无法全面、及时地感知和应对不同地区、不同定位和不同营销策略的业务运营,因此,传统零售企业构建的强大数字化业务能力和运营能力,需要重新回归区域运营,实现螺旋式的转型升级。社群渠道模式无疑是当前既能满足这一目标又能广泛适用于实践的选择。

不论是处在多渠道还是全渠道的模式阶段,传统零售企业都可以在原有渠道、场景、业态组合的基础上,通过引入社群渠道模式,将灵活可复用的数字化业务能力从平面的上下游运营,提升为立体复合的层次运营,从而构建以数字化能力为基础,以多层级灵活运营能力为支撑的零售运营模式。

这个模式既可以保留传统零售企业既有的管理层级结构,也将这个结构有机地融入全渠道数字化运营的能力分配上,让不同层级的参与者可以最大化地利用数字化业务能力带来的便利,提升运营效率。

借助业务中台的数字化架构,传统零售企业将有能力统筹兼顾中心化与区域之间的范围与权限管理,让上下游各个层级的运营管理者实现自主、自由、灵活的运营。企业可以制定完整的、结构化的分层运营规则,不管是直营还是加盟、经销等非直营模式,都可以实现品牌运营灵活性和可治理性的平衡统一。

比如,传统品牌零售企业可以选择在中心化运营侧提供基本的套餐优惠能力,让区域或门店的运营方根据自身区域可售卖的品类、顾客偏好、市场需要等一系列因素,选择参与套餐优惠的商品,分发套餐优惠的文案、渠道,甚至折扣力度等。其中每一个节点都可以灵活配置,根据实际情况做调整,配合业务运营、业绩、管理等各方面的现实情境。

在足够灵活的区域型社群运营模式下,由于不同区域与门店都有相同的底层数字化能力，通过能力组合创新，就能达到灵活运营的目标。因此，不同区域与门店之间可以相互参考、借鉴、学习，也可以和品牌总部更平等地沟通交流。同时，总部中心化的数字化能力也可以基于这些创新，调整基础数字化能力的发展方向。以一套有效的正反馈机制，在帮助区域和门店更好地运营创新的同时，推进品牌自身数字化加速、简化、复用发展，让品牌力与运营效果产生飞轮效应。

对于那些有着非自营业态的企业而言，类似这样中心与区域的正反馈合作，还可以改善品牌方与合作方的关系。灵活度支持和数字化赋能上的欠缺，是品牌方与加盟商、经销商等非自营商业伙伴之间的普遍矛盾。社群模式的合理使用可以在一定程度上弥补这个短板，并有能力将各个区域自建自管的私域一定程度上统一到中心化品牌方的私域管理上，构建多样与统一结合的多私域混合管理。

当区域与门店以开放心态接纳来自品牌方的数字化能力时，品牌方将有能力获得更透明准确的运营销售数据，从而改善和提高品牌策略，挖掘新的数字化赋能场景，构成正向的发展闭环。

小　　结

本章要点：

◇ 全渠道指的是一种销售方式，它使用多个渠道来联系顾客，并为他们提供卓越的购物体验。它涵盖了品牌和顾客之间互动的所有方式。它是零售行业在数字化转型过程中有别于其他行业的典型差异特征。

◇ 全渠道虽然被广泛认为是传统零售企业数字化转型的核心，但全渠道却不是传统零售企业数字化转型的必然。

◇ "会员通"中的"会员"是不同场景下可标识顾客的代表性统称,并不局限在传统零售业务通常理解的会员上。会员通呈现4个不同的业务境界:用户标识通、会员身份通、会员权益通、顾客资产通。

◇ 用户标识通背后的主要商业逻辑是获取流量增长,会员身份通背后的逻辑是彰显品牌的渠道覆盖面,并突出自有渠道的信息不对称优势,而会员权益通才是让会员通回归以顾客体验为中心的服务理念,构建能让顾客直接感受到的、不同业务渠道下的平等体验。资产通是会员权益通在业务场景和数字化能力上的进阶。

◇ 中台的原始意义在于复制,而不仅是复用。复用的含义在于以一套中心化部署的系统服务来支持不断扩张的业务,比如,部署一套平台系统,来支持不同城市的业务数据共享,以及标准化不同城市的业务流程。而复制则是以同一套系统,因业务在城市级别的扩张而独立部署。

◇ 中台概念在传统零售企业的使用场景中,由一个业务模式转变成了一个理念,帮助企业以领域驱动设计的科学方法,规划数字化业务能力、接入互联网的数据运营能力,以及通过优化重构技术架构与运维方法,全面提升数字化业务的迭代与支持效率。

◇ 中台是承载和发挥核心数字化业务能力的载体。企业业务部门通过不断参与规划、构建和完善中台的能力架构,逐渐抛弃原有以业务流程来驱动的决策模式,转向以业务能力来驱动的决策模式。从短期看,在中台落地和迭代的过程中,企业可以快速试错,不断修正其业务战略与数字化战略,梳理和识别自身发展的重心与优先事项。从中长期看,业务、产品与IT等各个背景与职能的部门之间,也有机会通过具体实践和协作,来加深相互了解,可以形成共同认可的规划,形成更强的合力,发挥适合企业实际情况和业态的数字化能力。这些都为之后迈向数字化转型的第三阶段，构建数字化平台与生态打下了基础。

思考与行动：

通过本章的阅读，请思考和回答下述问题：

（1）什么是全渠道？如何由单渠道演化而来？你所在的公司目前处于哪个阶段以及为什么？

（2）你所在的企业处于会员通的哪个阶段？当前发展的瓶颈在哪里？下一步的发展方向是什么？

（3）什么是你理解的中台？零售企业的中台发展方向是什么？中台对全渠道的价值是什么？

（4）除了本章提及的全渠道新业态，你所在的公司有哪些创新的全渠道场景？如何支撑这些场景的发展？

第七章
数字化转型恰逢其时

数字化转型概念,近几年在国内如雨后春笋般蓬勃发展。数字化转型在国内生根发芽经过短短几年的摸索与实践,成效显著,收获颇丰。整个泛零售领域的企业,以及越来越多的国际品牌与国际企业,开始以学习的态度来看待国内的数字化转型的实践方法,以期通过复制成功案例,使自身更快更好地实现转型。从全球来看,传统零售企业的数字化转型恰逢其时,在我国,这些都离不开国内政策法规、经济、社会和技术的优势。

第一节　政策法规优势

任何大的趋势中,政策和法规因素总是具有决定性作用的,也是个人和企业参与者首先需要考虑的因素。顺应政策方向会给企业数字化转型带来方方面面的发展便利,降低转型门槛和难度。而持续发展和完善的法律法规,也能规范和约束企业在数字化领域的实践,维护公平竞争环境,保护顾客合法权益。

一、政策的持续支持

在国家"十三五"规划提出了"数字经济"与"数字中国"等卓有成效的规划基础上,"十四五"规划用了大量的篇幅和内容来鼓励、支持与指导国家的数字化战略以及企业数字化转型。围绕"十三五"规划、"十四五"规划以及相关的指导意见,制造、流通、服务、基础建设等各个产业,可以结合数字化和平台化,实现高质量、可持续、创新和卓越发展。

数字化转型不是单纯一个领域、技能或流程的提升,而是整体认知和方法上的转型。因此,数字化转型实际效果可能像木桶中的水位一样,从局部开始构建,最后提高和优化整体。这个效果作用于单个企业内部,作用于整个行业,也同样作用于产业和国家战略,在流程、产业上形成数字化整体运营管理的闭环,实现端到端的全链路数字化,实现平台化、自动化和智能化,从质的提升转向智的飞跃。

国家在政策上的支持,以及相关法律的完善,不仅会直接激励和影响企业数字化转型效率,也会以影响经济、社会和技术的方式间接产生影响。零售是全行业商品在消费侧的流通末端,许多品牌同时具有制造、零售甚至是科技属性。因此,在国家数字化战略指导下,除了零售自身会因政策而直接受惠之外,政策对各个产业转型的推动,最终都会让零售企业的数字化转型受益。

不仅是国内的政策在大力鼓励产业数字化、人工智能的应用,欧美等国家近几年也在政策上对数字化转型进行了支持。为助力数字经济发展战略与规划的实施,欧盟高度重视并积极推动有关数字经济的立法工作。数字化转型将是全球企业之间竞争与合作的契机。

二、法律法规的不断完善

在政策、经济和社会环境的促进下,零售属于较早开展数字化转型的行业,并在与大量互联网企业和平台的合作探索中,持续快速地发展和创新业务模式与场景体验。在给顾客更多选择、更便捷、更丰富的体验同时,也改变了零售的商业逻辑。

传统零售一直以来的经营逻辑都是看重门店选址和店内运营,以此吸引流量(人流量)并促使顾客持续购买。而当新兴的零售企业直接以数字化平台为渠道时,传统零售企业在流量获取与留存上的逻辑闭环被迅速颠覆。

比如,原本需要通过大量租金租买黄金铺位才能获得的关注度,现在可以投入小得多的成本,在社交平台、O2O平台等提供生活类资讯的互联网平台上,通过搜索排名、推荐排名、广告位、软文等五花八门的方式获得相近甚至更高的影响力。凭借数字化世界的个性化展示,以及移动端设备与用户的天然联结，互联网平台还可以产生更有效的用户黏性，构成全渠道下更完整的用户体验。

从纯线上的电商模式，到这些线上线下各种组合下不断衍生出新场景，也带来法律与监管的新真空。由于原有的法律法规与监督监管体系在最开始一度无法很好覆盖，导致各服务环节中产生了许多纠纷，出现了让消费者利益受损、维权困难的案例。但很快，随着国家制定或修订了一系列的法律法规、文件，譬如，《电子商务法》《快递暂行条例》《安全生产法》《道路交通安全法》《关于维护新就业形态劳动者劳动保障权益的指导意见》等，从电商、快递、外卖等各个零售数字化场景，规范了整个上下游的服务环节，给参与其中的服务方和被服务方都提供了有力的保障，从而奠定了传统零售企业有序发展的基础。

除了业态的覆盖，数字化这类新形态和新领域所涉及的很多方面，现存的法律法规没有相关规则，这些新领域新形态运行在法律法规的真空地带上。为了能实现和丰富数字化场景，零售企业与互联网平台就需要不断加大对用户数据和业务数据的收集，不断加深对这些数据的分析。这些被采集与分析的数据，不仅包含传统意义上的订单、支付、商品、渠道等业务数据，也包含姓名、手机号、地址及用户在应用程序上操作的行为数据等个人数据。在实现与丰富全渠道的过程中，零售业态与顾客的生活社交是在不断强化和深入交互的，这使得业务数据与个人数据越来越密不可分。而当移动设备作为数字化业务场景的主要交互触点时，收集这些数据便捷了许多，顾客对数据收集与隐私暴露的感知度显得更为不足。

其次，当互联网企业掌握了海量用户数据后，就可以通过千人千面和推荐来进一步聚集用户流量，形成马太效应。互联网平台一旦有了大量聚集、引导和重新分配流量的能力，就可以实现流量的垄断。

对此，国家陆续出台和完善了《信息安全等级保护管理办法》《个人信息保护法》等隐私保护相关的法律法规，规范和约束用户数据的收集与披露行为，有效遏制了对用户数据的滥用。同时，又颁布了《反垄断法》来遏制因数字化转型而带来的垄断，给不同规模与业态的企业营造公平公正的转型环境。

第二节　经济基础与经济收益

在政策的引导框架与范围内，经济基础是促成传统零售数字化转型的核心因素。经济因素既是传统零售企业数字化转型的支撑者，也是受益者。

一、经济活力与体量优势

自从改革开放到加入WTO以来，我国的经济就进入了持续的高速发展期，产业与消费结构都在不断升级。当前，我国的恩格尔系数已经与较高收入国家持平，为30%左右，服务消费支出占比已接近50%。这样良好的服务基础，非常有利于传统零售企业在同业或者异业环境下，拓展服务方式、服务渠道和服务内容，像全渠道和O2O中多个线上与线下渠道与平台之间的服务串并，又或者B2B2C中的会员通，等等。同时，在推崇服务的氛围下，更多的服务型企业会愿意参与B2B2I模式合作，给传统企业数字化转型带来更多可能。

我国作为"世界工厂"，产业链完整。这些年，产业上下游的企业都因为政策鼓励、市场驱动以及自身的业务发展需要，积极地进行数字化转型。零售行业作为产业的消费末端，在这样的趋势下做数字化转型，可以更容易地开拓全产业环节的数字化业务模式。比如，母婴与白酒业态中常见的一物一码和溯源能力，就需要从源头到末端全产业链的数字化能力配合支持。

而单纯从零售行业本身去看，由于国内的经济活力强、体量大，因此，传统零售企业在数字化转型中的尝试、探索和变革，都有足够大的市场需求和基数来满足业务需要，也有足够的差异化和多样性来满足转型中的业务创新。这样，传统零售企业就可以在不断创新与获利的过程中进行正向迭代。

从另一个角度去看，传统零售竞争越发激烈，各个传统零售企业在通过数字化转型来扩渠道、扩用户、对业务实现开源的同时，也通过数字化转型更好地"节流"。降本增效是企业在运营中老生常谈的话题。

在传统零售的业务前端，数字化转型中典型的O2O模式对于降低门店运营复杂度、降低劳动力成本有普遍的实践案例。通过App、小程序等方式的自助点单，不仅可以减少门店店员的工作量，让店员可以更多地分担其他运营任务，还可以大幅降低因门店店员流失与人数不稳定所带来的影响。而像外卖类服务，则可以有效降低门店位置、规模等因素的影响，降低营销的门槛与成本。

随着零售行业普遍开始数字化转型，营销与服务的体系化有了很大提高，这已经成为市场常态，形成新的顾客标注预期。数字化渠道在零售业已经不可或缺，比重不断扩大，精准运营也是不断深化，随之而来的是对自动化的需求。数字化转型对于传统零售企业而言，将从"做转型能产生同业优势"逐渐转变成"不做转型就是劣势"的境况。

二、基建优势

在国内诸多的数字化转型优势中，基建优势无疑是最难被其他国家复制与超越的。从基础建设的类别涵盖、地理区域覆盖到建设质量，我国都是世界领先。在基础建设中,通信网络、电力输送及交通运输基建对零售企业数字化转型格外重要。

不论是对于进行数字化转型的传统企业,还是对于提供数字化平台能力的互联网企业,通信网络都是企业控制范围之外的必要基础设施。数字化世界需要庞大的算力、存储、高速骨干网络来满足跨地域运作、数字资产保存处理以及数字化能力的相互协同。即使企业使用了云计算的能力来方便实施部署,云计算本身也是建立在庞大优质的基础网络建设之上的,才支撑了各个企业海量与高并发的数字化场景。

而企业业务场景的实际应用,则需要大量的无线网络支持,来满足大家全场景、全体验的数字化覆盖。从数字化场景的切换,到用户身处场地的切换,无缝的数字化体验才能真正有效地将用户与数字化场景牢牢绑在一起。4G与5G网络基站的大力建设,让高速蜂窝网络覆盖广大城市与乡村。市政建设与商业建设都考虑了网络的支持与保障,地铁、办公楼甚至电梯里也都有蜂窝网络覆盖,让都市人的日常工作生活能时时刻刻与数字化相随。几年前,到处找商场和门店蹭无线网络的情况随处可见,而如今,很多人即使去有无线网络服务的门店消费,也不会使用店里的网络,人们的认知与习惯在潜移默化演变。

对于零售业的数字化转型而言,不论是前端面向顾客业务,还是后端面向企业运营,也不论是到店还是送货上门,交通便捷度是影响数字化体验的另一重要因素。顾客上门自提或是快递骑手送货,各种O2O模式业务都受到交通、道路影响。具有良好交通、停车条件的大型商场和办公楼,对日常客流的提升都有帮助。以电商为主力的高效货运,和企业应对数字化业务所产生的大量物流运输,都需要铁路、公路,甚至是海运、空运——不少企业的供应链也依赖于此。这些相关的基础建设是确保交通运输不会成为企业数字化转型瓶颈的重要保障。

除了各级城市居民对传统企业数字化业务的参与，乡镇居民更增加了国内数字化转型的成果与活力。虽然大多数传统企业的数字化业务，在城镇与农村之间还是有着明显的运营差别，像O2O这类数字化零售业态的确不容易在农村落地发展，但传统零售企业依然靠着像数字化营销这样的能力，来带动企业在传统销售渠道的业务。农村乡镇的全面通网通电，为后续传统企业数字化转型深入农村打下了坚实基础。

第三节　社会优势

传统零售企业数字化转型的核心是提升顾客体验。这个体验包含了大量的数字化场景和渠道，需要数字化设备、使用能力和使用意愿。因此，社会接纳度就显得格外重要。

一、数字化场景与使用习惯

整个数字化转型的过程，都是围绕渠道与场景的大量创新、深入应用与大规模覆盖来一步步实现的。

这其中，有一部分功劳要归于教育。因为全民受教育程度的提高，奠定了对电子设备和数字化应用的掌握。同时也离不开智能设备的普及，这些条件给用户使用习惯奠定了基础。

当心智的养成配合着科技的进步，智能手机已不是一个打电话和发短信的电子设备，而是一个与日常生活息息相关的必要部分，这是数字化场景与生活充分融合的心智基础。

从早期电商平台的应用推广到移动支付,从饿了么、美团等外卖场景,再到打车、单车等出行场景,在过去的十多年里,资本催化下互联网企业通过构建平台和使用补贴,一次次成功地教育、引导、习惯和巩固大众对数字化场景的适应和依赖。渐渐,传统品牌零售企业与互联网企业一起,通过各自公域与私域的相互转化,不同业务业态之间嵌套,所共同构建的数字化服务与体验生态逐渐包围了生活中的衣食住行各个方面,也相互串联了不同的生活场景以及营销、交易等零售的上下游环节,构成了良好的体验生态。

伴随着移动终端、移动支付、数据算法等环节的不断成熟,整个数字化用户旅程与体验以安全、可靠、便捷、灵活、多样等特点呈现;在资本催化和平台补贴情景下,用户量产生井喷式增长且得以留存,并通过不同年龄、背景、文化的社交圈传播影响,最终形成了现在我们所看到的O2O模式,充分融入日常生活景象。

后起的传统零售企业,在数字化转型的决策与实施过程中,不再需要担心用户使用心智与习惯的培养,可以专注于发展符合自身业态与企业现状的数字化业务。企业的教育与引导,与用户的使用与验证,构成了完整的发展促进闭环。数字化转型最终是依赖数据的,而数据是靠时间积累的,数字化转型的数据闭环与飞轮效应无处不在。在数字化能力成为标配的大环境下,传统零售企业的数字化转型能在最佳实践指导下实施,无疑是恰逢其时。

二、个性化与社交需求

真正促使用户偏好数字化场景的,是用户对内容形式的个性化需求与社交需要。

整个消费主流群体释放了对个性化的需求,这个需求既是消费者期望被理解被懂得(也就是营销里常说的要"懂我")的需求,也是其张扬与表达个性社交的需求。当日常与数字化世界产生相互缠绕的强相关时,人们的个性化、社交需求量与期望满足量都得到空前提升。这,是一个极好的时代机遇。

零售是一个以人为本的服务行业,讲求的是人的连接。数字化能力和场景融入传统零售行业时,不是简单扩渠道和带货,而是帮助顾客与品牌、顾客与商品,以及顾客与顾客之间产生全面连接。这种连接可以因线上与线下的融合而产生更多的场景,突破空间限制,因为个性化而深化关系与内容的连接,因为社交而扩展关系与情感的连接。个性化与社交同时也是有趣和可持续的。

数字化世界"万物皆个性、万事皆社交"的环境中,零售企业可以更快地建立和扩展会员用户体系,培养顾客品牌忠诚度,增加和提高顾客黏性。所以说,零售行业的数字化转型带着强烈的人文和品牌色彩,帮助传统零售企业提升品牌境界,宣传品牌和企业的文化。

三、大量的人才储备

数字化的体验和内容,同时需要生产端和消费端。如果说,受教育程度对用户来说只是影响其使用习惯养成的快与慢,而对于生产端创新来说,受教育程度则具有决定性影响。

传统零售以及其他的传统行业,都需要大量有经验的生产者、开发者和管理者,来参与数字化业务模式及其体验的创新与实现。这些参与者需要对软硬件有认知并熟练掌握,有先进的管理和敏捷理念,有数字化创新的灵感,还要有扎实的业务能力。

正是因为这些年教育的普及与深化,在社会上积累了大量高素质人才,才支撑着传统零售企业的数字化转型。整个社会有足够的数字化转型氛围,才有不断的成功和发展。

第四节 技术优势

数字化转型虽然转的是业务模式，但其业务能力（场景和交互触达）的承载，都是依赖数字化技术的。所有可以被想象的数字化场景，最终都要靠技术来实现。

一、应用建设能力与多样性优势

数字化转型下的技术能力，不是单纯的技术开发能力，而是对数字化业务的实现与管理能力，这个能力涵盖了规划、过程实施和结果预期能力，涉及数字化应用、人工智能、大数据、区块链等技术领域。

从技术迭代与人才角度来看，在这些年互联网企业层出不穷的本土环境下，大量掌握最新数字化应用开发经验的技术人员，可以结合先进的技术管理、部署迭代等方法，帮助企业实现数字化能力的快速建设与灵活迭代，实现高性能、高并发、高伸缩性、高扩展性和高灵活性的数字化业务能力、数据能力和技术能力。

国内互联网平台已经深入生活的方方面面。传统零售企业可以通过与平台合作，轻易地获得所需要的解决方案，包括数字化的业务能力、数据能力、运营能力，甚至是流量。一些互联网企业也在积极地将一些互联网技术和经验，以产品和服务的方式进行商业化，对外输出，与其他解决方案厂商互补与竞争，满足不同传统零售企业或"拿来主义"或自研开发等各类需要。

从多样性的角度去看，数字化业务不仅需要适应各种场景与生活习惯，还要适配用户因职业、教育、文化等因素带来的心智差异。我国在地域、城市、人群等方面都能有足够的多样性，来匹配出不同要素之间的灵活组合，适应不同传统零售企业的发展目标；同时，也帮助验证了数字化能力在不同场景、不同用户群体中的实际效果，让数字化能力可以有更广的适应性和更高的可复制性。

二、数据优势

数字化转型是依赖数字化技术的业务转型，而业务最终是以数据为基础，以能力为载体来展现的。数据同时也是人工智能与大数据这类前沿技术发展的基础。

数字化场景受到用户偏爱并产生使用黏性的重要原因，是个性化与社交的需求。而要满足个性化需求，需要用户本身的数据沉淀，需要有对应算法，才能有效匹配和预测出用户在不同场景下的使用动机，从而让用户感受到"被理解"。国内互联网企业和传统品牌零售企业的数字化转型前驱，都已经有了大量和广泛的用户数据积累。在全渠道交叉体验和异业合作中，零售行业整体将有极大的数据优势，来协助完成数据驱动的数字化能力建设。

人工智能需要有足够多的场景支持，每个场景中要有足够多的数据样本，才能完成对人工智能的训练。同数字化业务能力对不同场景的适应性类似，我国由于地域所带来的季候差异，不同地区不同城市中各种职业、文化、性格、学历带来的人群画像与特征，使得我们有足够的数据量来应对不同组合下的训练与验证需要。

数据和内容是所有企业数字化转型和数字化能力建设的核心数字资产，也是企业借助业务与场景展现数字化竞争力的必要条件。因此，传统零售企业都应当抓住时代机遇，尽早地规划数字化战略，进入数字化转型的赛道。

小　结

本章要点：

◇ 任何大的趋势中，政策和法规因素总是具有决定性作用的，也是个人和企业参与者首先需要考虑的因素。顺应政策方向会给企业数字化转型带来方方面面的发展便利，降低转型门槛和难度。而不断完善的法律法规，同时也能规范和约束企业在数字化领域的实践，维护公平竞争环境，保护顾客合法权益。

◇ 在政策的引导框架与范围内，经济基础是促成传统零售数字化转型的核心因素。经济因素既是传统零售企业数字化转型的支撑者，也是受益者。

◇ 传统零售企业数字化转型的核心是提升顾客体验。这个体验包含了大量的数字化场景和渠道，需要数字化设备、使用能力和使用意愿。因此，社会接纳度就显得格外重要。

◇ 数字化转型虽然转的是业务模式，但其业务能力（场景和交互触达）的承载，都是依赖数字化技术的。所有可以被想象的数字化场景，最终都要靠技术来实现。

思考与行动：

通过本章的阅读，请思考和回答下述问题：

为什么数字化转型的概念在国内比在国外流行得多？这个现象背后的驱动因素有哪些？